양손잡이 경제

코로나 팬데믹 이후
한국 경제의 미래

양손잡이 경제

Ambidextrous Economy

최남수 지음

도서출판 새빛
SAEVIT

프롤로그

'경제 팬데믹 시대'의 돌파구, 양손잡이 경제

신중한 조치보다는 차라리 지나친 대응책이 낫다! 코로나19 확산에 따른 전례 없는 경제 위기에 직면해 세계 각국은 다급하게 움직이고 있다. 보건 위기에서 시작된 경제 팬데믹이 일상의 경제활동을 마비시키고 있기 때문이다. 수요 급감과 공급 충격이 한꺼번에 온 이번 위기. 전문 예측기관들은 코로나19 사태가 하반기에 진정되면 내년에는 경기에 숨통이 트일 것으로 내다보고 있다. 그래도 워낙 충격이 컸던 터라 내후년이 돼야 2019년의 경제 수준을 회복하는 게 가능할 것이라는 진단이다. 문제는 가을이나 겨울에 코로나19가 재확산된다면 내년까지 글로벌 경제는 시계 제로 상태에 들어갈 것이라는 데 있다. 결국 재확산 여부가 경제 위기 향방의 열쇠를 쥐고 있다. 또 백신이 개발되고 상당수 사람이 접종을 받기까지는 코로나19의 먹구름이 완전히 걷히지는 않을 것으로 보인다.

이번 위기 국면에서 한국은 돋보였다. 강력한 봉쇄조치를 하지 않은 상태에서 체계적인 방역과 국민의 자발적인 참여로 조기에 사태를 안정화해 세계의 주목을 받았다. K방역은 이제 해외의 역할 모델로 시선을 끌고 있다. '경제 방역'도 마찬가지다. 발빠르게 공격적인 재정과 통화 정책으로 대규모 자금을 풀어 피해 상황을 방어했다. 올 성장 전망치가 마이너스이긴 하지만 주요 국가에 비해 감소 폭이 제일 작아 선방했다는 평가를 받고 있다. 하지만 한국 경제가 근본적으로 기초 실력이 강화된 것이냐는 질문에 대해서는 속 시원한 답을 할 수 없는 게 솔직한 현실이다.

한국 경제는 GDP 대비 수출 의존도가 40%에 이르는 소규모 개방 경제다. 대외여건에 매우 민감하게 반응한다. 그 외부 환경이 얼음 위를 걷는 듯한 상황이다. 심각한 글로벌 경제 위기로 수출이 부진한 가운데 미국과 중국은 코로나19의 책임, 홍콩의 지위, 기술 패권 등 문제를 놓고 갈등의 수위를 높여가고 있다. 글로벌 주도권을 둘러싼 한판 승부인 만큼 두 나라의 마찰로 인한 세계 경제의 불안은 오랜 기간 계속될 것이다. 경제 위기의 해소에 걸림돌이 될 요인이다. 이런 가운데 세계적인 양극화와 불평등 심화는 위기 경보를 울리고 있다. 진영을 가리지 않고 많은 기관과 전문가들이 소득과 자산, 그리고 건강의 양극화에 대해 우려의 목소리를 내놓고 있다.

성장둔화와 양극화 심화. 한국도 예외가 아니다. 경제의 본질적 체력인 잠재성장률이 하락하는 가운데 실제 성장률은 여기에도 미치지 못하고 있다. 저출산과 고령화로 생산가능인구가 줄어들고 있고 투자도 부진하다. 인구 문제는 정말 심각하다. 한국 사회와 경제의 판을 크게 뒤흔들 '회색 코뿔소'여서 정부와 기업이 힘을 합해 대처해야 하는데도 그만큼의 위기의식이 있는지 걱정이다. 양극화도 문제다. OECD 회원국 중 불평등이 심한 국가에 들어가며 특히 고령층의 양극화는 상황이 더 나쁘다. 서로 어깨를 기대고 살아도 쉽지 않은 상황인데 한국 사회는 다른 사람에 등 돌리고 자신만을 생각하는 '각자도생' 사회임이 국제 조사 결과를 통해 드러나고 있다.

현재 한국 사회와 경제가 직면한 과제는 단선적이지 않고 복합적이다. 성장률도 끌어올리고 양극화도 완화하고 공동체 문화도 복원해야 한다. 성장 대 분배, 시장 대 정부, 작은 정부 대 큰 정부, 기업 대 노동. 이 중 어느 하나만을 선택하고 다른 하나를 배척하는 이분법적 사고로는 이 과제를 풀어나갈 수 없다. 굳이 진영 논리로 말하자면 성장을 중시하는 '오른손'과 분배를 중시하는 '왼손'을 다 같이 써야 한다. 복합적 문제를 해결하기 위해서는 처방전도 실용적이고 융합적이어야 한다. 진영의 논리는 이상적이지만 경직돼있다. 현장의 논리는 현실적이며 유연해야 한다. 이 책에서 살펴본 한국과 미국의 역대 정부들은 실제로는 경제정책에 관한 한 진보와 보수 성격의 정책을 모두 사용했다. 현실이 요구할 땐 상대 진영의 정책도 과감하게 빌려 썼다. 그래서 필자는 한국 경제의 위기 돌파를 위한 방안으로 '왼손'과 '오른손' 정책을 다 쓰는, 그리고 그것을 인정하는 사회적 공감대가 형성된 '양손잡이 경제'를 제시한다. 기업 경영도 마찬가지이다. 지금 미국에서는 다른 데도 아닌 재계가 앞장서서 주주 가치만을 중시하는 주주자본주의의 종언을 선언하고 근로자, 거래업체, 지역사회, 주주 등을 모두 중시하는 '이해관계자 자본주의'로의 전환을 촉구하고 나섰다. 4차산업혁명이란 용어를 유행시킨 세계경제포럼 WEF의 클라우스 슈밥 회장도 이해관계자 자본주의를 지지하는 '다보스 선언'을 내놓았다. 주주만이 아니라 모든 이해관계자를 기업의 목적으로 삼는 '양손잡이 경영'에 대한 논의가 본격화될 것으로 보인다.

이런 상황에서 한국 경제에 주어진 시간은 넉넉한 편이 아니다. 중국에는 기술 수준이 거의 따라잡혔다. 글로벌 디지털 경제는 거의 미국과 중국판이다. 인구는 증가 둔화부터 시작해 감소세까지 빠르게 진행될 전망이다. 길어야 10년 정도의 시간밖에 남지 않았다는 지적이 나오고 있다. 경제를 순식간에 살리는 비방祕方은 존재하지 않는다. 방향을 잘 잡고 한약을 먹듯 일관되게 대응을 잘해나가야 경제의 하강 흐름을 반전시킬 수 있다. 스웨덴은 국가를 '국민의 집'으로 부른다. 정부, 기업, 근로자 모두 '경제공동체'의 한배에 탔다는 공감대를 회복해 한국 경제를 '성장하며 함께 잘 사는 국민의 집'으로 만들어야 한다. 기업이 글로벌 무대에서 잘 뛸 수 있게 밀어주고, 기업은 그 과실을 공유하는 '낙수효과'를 복원하는 데 협조해야 한다. 딱 한 번의 기회가 남았다는 절박함으로 문제를 직시해야 해답이 보이고 공감이 형성되고 실행력이 생길 것이다.

이 책의 제1부에서는 경제 정책에 관한 진보와 보수의 철학적 뿌리를 거슬러 올라가 본 다음 한국 경제가 성장과 양극화 완화 문제를 동시에 해결하기 위해 '양손잡이 경제'를 운용해야 할 필요성을 제안한다. 제2부에서는 세계 경제의 장기적 불안 요인이 될 것으로 보이는 미국과 중국의 패권 경쟁 향방에 대해 심층적으로 짚어본다. 제3부에서는 글로벌 이슈로 떠오르고 있는 양극화 심화를 진단해보고 새롭게 제기된 이해관계자 자본주의를 소개한다.

이 책은 경제 기자로 살아온 필자가 한국 경제의 갈 길에 대해 고민하고 사유해온 결과물이다. 최대한 객관적으로 현상을 진단하고 방향성을 제시하기 위해 노력했다.

이 책을 낼 수 있도록 능력과 지혜를 주신 하나님께 감사드린다. 어느 저자에게든 집필은 많은 것을 희생하고 몰입하는 과정이다. 그런 불편함을 묵묵히 참아주고 옆에서 집필을 격려해준 아내, 그리고 고향에서 늘 장남의 등을 두드려주시는 어머님 등 가족에게 이 책을 드린다. 늘 격려해주시는 높은뜻섬기는교회 이

영훈 목사님, 이종환 서울경제 부회장님, 김신 SK증권 사장님, 이강모 SK증권 감사님께 감사의 말씀을 드린다. 이 책은 도서출판 새빛과 같이 하는 여섯 번째 책이다. 출간을 통해 맺어진 귀한 오랜 인연, 전익균 대표님과 출판사 관계자들께 고마운 마음을 전하고 싶다.

2020년 8월

우보愚步 최남수

Contents

3 이해관계자 자본주의의 깃발

1

양손잡이 경제가 답이다!

지금은 성장과 분배 모두에 문제가 생긴 상태이고 앞으로 대응을 잘못하면 이 문제가 더욱 악화될 것으로 보인다. 따라서 다시 성장에 불을 지피는 '오른손 경제관'과 골고루 잘 사는 삶을 지향하는 '왼손 경제관'이 조화를 이루며 경제 전체의 체질을 건강하게 변화시켜나가는 '양손잡이 경제'의 유연한 시선이 필요한 때이다.

성장과 분배,
두 마리 토끼를 잡아라

최고 기술 보유국인 미국 대비 한국의 기술 수준은 76.9%로
중국의 76.0%와 거의 차이가 나지 않는다. —한국과학기술기획평가원

코로나19 경제 충격은 한국 경제에 위기를 가져오기도 했지만 동시에 기회를 제공하고 있다. K방역으로 한껏 높아진 국가브랜드는 한국 경제의 회복과 도약을 위한 자양분이 될 것으로 보인다. 정책의 신속성과 효율성, 기업의 경쟁력과 내성, 바이오헬스 등 산업의 성장잠재력 같은 강점이 잘 나타났다. 하지만 한국 경제가 위기를 뚫고 새로운 도약의 날개를 펼치기 위해서는 이 같은 자산을 잘 활용함과 동시에 위기 이전부터 존재했던 구조적 문제를 잘 풀어가야 한다.

한국 경제는 위기 이전부터 경기침체와 양극화 심화, 이 두 가지 문제에 동시에 직면해 있었다. 경제 팬데믹은 경기를 되살리

면서 불평등도 완화해야 하는, 즉 성장과 분배를 동시에 추구해야 하는 과제를 더 선명하게 던져주고 있다. 성장과 분배, '두 마리 토끼'를 다 잡는 방안을 마련하는 데는 개방적, 실용적, 융합적 고민이 필요하다. 성장과 시장만을 중시하거나 평등에만 방점을 둔 단선직 실행방안으로는 한 마리 토끼를 쫓다가 결국 두 마리 토끼를 다 놓치는 우를 범할 가능성이 크다.

넛 크래커Nut-Cracker. 호두를 양면에서 눌러 까는 기계이다. 1997년 외환위기가 일어나기 전에 미국의 컨설팅 기업인 부즈앨런해밀턴은 한국을 '넛 크래커 속에 끼인 호두'로 비유했다. 한국 경제가 낮은 비용을 앞세운 중국과 효율이 높은 일본 사이에 끼어있어 변화하지 않으면 깨질 것이라는 경고의 목소리였다. 이 같은 진단은 일본은 앞서가는데 중국은 쫓아오고 있다는 '샌드위치론'으로 이어졌다. 외환위기가 일어난 지 20여 년이 지난 지금, 한국 경제는 어떤 위치에 놓여 있는가? 넛 크래커에 끼어 깨질 위기에서 벗어났는가? 샌드위치의 위치에서 빠져나왔는가? 상황은 녹록하지가 않다. 물론 우리는 외환위기를 세계에서 유례가 없는 빠른 속도로 극복해냈다. 반도체와 스마트폰 등 적지 않은 산업에서 세계 선두권으로 치고 나갔다. 이젠 '빠른 추격자fast follower'에서 벗어나 '퍼스트 무버first mover'로 변신했다는 평가도 받고 있다. 그러다 보니 일본으로부터 첨단소재의 수출통제를 받는 등 강력한 견제까지 받게 됐다. 일본의 갑작스러운 무역 보복 조치는 표면적으로는 강제징용 배상 판결에 대한 대응이지만 내면적으로는 경제력 면에서 양국 격차가 줄어들고 있는 현실에 대한 위기감에서 나온 조치로 평가되고 있다. 이렇게 보면 아직 갈 길은 멀지만, 넛 크래커의 위쪽으로 일본을 어느 정도 추격하는 데는 일정 부분 성과를 거둔 게 사실이다. 일본이 무역 보복이라는 감정적인 '경제 무력'을 쓰는 상황이 됐으니까 말이다. 문제는 중국 쪽에서 생겼다. 저임금에 바탕을 둔 저가의 상품을 경쟁력으로 삼아온 중국이 어느 순간부터 제조업과 중화학공업의 기술 수준을 높이더니 첨단기술에서는 우리를 추월해 앞서 나가기 시작했다. 한국과학기술기획평가원이 120개 중점 과학 기술에 대해 미국, EU, 일본, 중국과의 기술격차를 분석한 결과를 보면, 최고 기술 보유국인 미국 대비 한국의 기술 수준은 76.9%로 중국의 76.0%와 거의 차이가 나지 않는다. 미국과의 기술격차를 기간으로 표시하면 한국과 중국 모두 3.8년으로 차이가 없다. 기술 수준에서 중국에 따라잡힌 것이다. 120개 중점 기술을 11개 분야로 분류해서 보면, 한국은 건설·교통, 재난 안전, 기계·제조, 소재·나노, 생명·보건의료 등 7개 분야에서 중국을 근소하게 앞서고 있으나 에너지·자원은 기술 수준이 같다. 특히 우주·항공·해양과 국방 기술은 오히려 중국이 한국에 2~3년 앞서 있고, ICT와 소프트웨어 기술도 중국이 우위인 것으로 나타났다.[1] 20여 전에는 중국에 쫓기는 정도의 넛 크래커 상태였는데 이제는 중국과 앞뒤를 다투며 '시소게임'을 해야 하는 상황에 직면하게 된 것이

1 한국과학기술기획평가원(2019.4.), '2018년 기술수준 평가'

다. 더구나 중국은 4차산업혁명의 주 무대인 디지털 경제 영역에서는 미국과 함께 세계 시장을 독과점하는 강자의 위치에 올라 있어 미래 경제를 향한 만만치 않은 잠재력을 보여주고 있다. 중국이 거둔 이 같은 성과는 중국 정부가 제조기술을 건너뛰어 바로 디지털 첨단기술의 선두권으로 뛰어오르는 이른바 '등 짚고 뛰어넘기leapfrogging' 전략을 추진한 데 따른 것이다. 그 결과 우리나라는 자칫 중국에도 기술 열세에 몰릴 수 있는 위기 상황을 맞고 있다. 아직은 반도체 등 주력 산업에서 중국과의 격차를 유지하고 있는 게 다행이긴 하지만 이 또한 집중적인 투자로 추격의 고삐를 죄어오고 있는 중국을 따돌려야 하는 과제를 안고 있다.

이런 상황에서 소규모 개방 경제인 한국 경제에 매우 중요한 대외여건 또한 만만치가 않다. 한국 경제는 GDP 대비 수출 비율이 40%에 달해 수출이 기침을 하면 경제 전반이 몸살을 앓는 수출의존 경제 구조이다. 게다가 전체 수출 중 대중국 수출이 차지하는 비중이 26.8%(2018년)에 이른다. 전체 수출의 4분의 1 이상이 '중국행'이어서 결국 전체 경제의 진로가 중국경제의 상황에 따라 좌우되고 있다. 장기화할 것으로 보이는 미·중 패권 경쟁이 우리 경제에 큰 불안 요인이 될 것으로 우려하는 이유이다. 중국경제는 코로나 위기 이전부터 미국의 무역 보복으로 대미 수출이 줄어들면서 성장률이 떨어지고 있었다. 한국 경제의 최대 수출시장인 중국경제에 한기가 돌다 보니 수출이 직격탄을 맞아 감소세를 지속하고 있다. 만약에 미·중 패권 경쟁으로 양국 경제가 서로 등을 돌리는 디커플링이 진행된다면 우리 경제는 더 어려운 처지를 맞게 될 것으로 우려된다. 특히 중국은 미국의 보복 조치 이후 기술과 부품 등 중간재의 수입대체를 적극적으로 추진하고 있다. 주로 중간재를 중국에 수출하는 우리나라로선 이래저래 대중국 수출 전망에 먹구름이 드리워지고 있다.

'특명': 잠재성장률을 3%대로 끌어올려라!

더 큰 문제는 대외여건의 악화가 설상가상으로 우리 경제의 기초 체력이 약화하고 있는 시점에 겹치면서 경제의 시계視界를 불투명하게 하고 있다는 점이다. 우리 경제의 잠재성장률은 2001년~2005년에만 해도 5.0~5.2%였지만 내림세를 지속해 2019년~2020년에는 2.5~2.6%에 그치고 있다.[2] 생산성이 정체돼있는 가운데 저출산과 고령화 추세로 생산가능인구가 줄어들고 투자도 둔화한 데 따른 것이다. 특히 인구 문제가 심각하다. 여성 한 명이 평생 낳을 수 있는 평균 자녀 수인 합계출산율은 2019년 3분기 현재 0.88명으로 현재의 인구를 유지할 수 있는 2.1명을 크게 밑돌고 있다. 이에 따라 총인구는 2028년 5,194만 명을 정점으로 감소세로 돌아서 2067년에는 3,929만 명까지 줄어들 전망이다.[3] 고령화도 빠른 속도로 진행돼 2067년에 65세 이상 고령 인구는

2 한국은행(2019.8.), '우리나라의 잠재성장률 추정'
3 통계청(2019.12.13.), '한국의 사회동향 2019'

총인구의 46.5%로 15~64세인 생산연령인구(45.4%)를 웃돌 것으로 보인다. 생산연령인구 1명이 고령 인구 1명을 부양해야 하는 상황이 된다. 고령화는 저출산과 동전의 양면을 이루고 있다. 저출산의 요인에는 육아 부담, 여성의 활발할 사회 진출 등 요인도 있지만 긴 노후를 감당해야 하는 부담이 커 출산을 피하는 측면도 있기 때문이다. 이런 요인들로 인해 잠재성장률이 떨어지고 있는 가운데 실제 성장률은 잠재성장률에도 미치지 못하고 있다. 현대경제연구원은 이런 요인들이 앞으로도 해소되지 않을 것으로 보여 잠재성장률은 2021년~2025년에는 2% 초반, 그리고 이후에는 1%로 하락할 것으로 내다봤다.[4] 한발 더 나아가 '제로 경제 성장 시대'가 올 것으로 보는 전망도 있다. 서울대 김세직 교수는 우리 경제가 1997년 외환위기 이후 5년마다 성장률이 1%씩 떨어지는 추세를 보이고 있다면서 이 추세가 계속되면 향후 성장률이 0%대로 떨어질 수 있다고 경고했다. 김 교수는 창조적 인적 자본과 기술을 성장동력으로 만드는 전환에 실패해 성장률이 하락세를 거듭하고 있다고 진단하고 이를 반전시키기 위한 구조 개혁의 필요성을 강조하고 있다.[5]

지금까지 언급한 경제 전망은 그 수치의 정확성을 떠나 우리 경제가 새로운 성장동력을 확보하지 못한 채 어려운 국면에 들어설 수도 있음을 말해주고 있다. '제로 성장'의 경고까지 나오고

4 현대경제연구원(2019.8.), '잠재성장률 하락의 원인과 제고 방안'
5 김세직(2016), '한국경제:성장 위기와 구조 개혁', 經濟論集 제55권 제1호 연구논문

있는 만큼 우리 경제는 그리 시간이 많지 않은 상태이다. 미·중 패권 다툼이 계속돼 수출환경이 불리해지는 가운데 중국의 기술 추격도 거의 막바지 단계에 있는 데다 잠재성장률마저 내리막길이기 때문이다. 몇 년 사이에 잠재성장률을 끌어올리면서 양극화와 불평등 문제도 완화할 수 있는 전기를 마련하지 못하면 우리 경제도 일본경제가 겪었던 '잃어버린 시간' 같은 블랙홀로 빠져들어 갈 가능성을 배제할 수 없다. 구체적으로는 우리나라에 10년 정도의 시간밖에 남지 않은 것 같다는 주장도 제기되고 있다. 이근 서울대 교수 등은 65세 이상 인구 비중이 20%인 초고령사회가 되는 시기가 2026년으로 추산되는 점, 중국이 10년 안에 제조 강국으로 자리 잡을 것으로 보이는 점 등을 들어 한국에 주어진 시간이 10년이라고 강조했다. 이 기간 안에 잠재성장률을 3% 이상으로 끌어올려야 한다고 이 교수는 주장하고 있다.[6] 지금 한국 경제가 직면한 어려움은 1997년의 외환위기와 같은 '검은 백조'는 아니다. 당시는 갑작스러운 위기에 전 국민이 합심해 조기에 위기를 극복할 수 있었다. 이번 위기는 '회색 코뿔소'의 성격이 강하다. 충분히 인지하고 있지만, 자칫 대책 마련을 소홀히 하면 회색 코뿔소처럼 달려올 수 있는 위험이 앞에 놓여 있는 것이다. 딱 한 번밖에 기회가 없다는 각오로 경제의 체질과 '경제하려는 의지'를 강화하는 데 전력을 기울여야 한다.

---

6 이근 등(2018), 《미래산업 전략 보고서》, 21세기 북스

실용적인 양손잡이 경제로!

민간 부분의 자생력이 크게 부족해진 현실에서
민간주도냐 정부주도냐 하는 논쟁은 큰 실익이 없다. —이근 서울대 교수

이 주제는 안타까운 마음으로 쓰고 있다. 그래서 구체적인 경제 정책 대안을 제시하기보다는 경제를 보는 관점을 짚는 데 역점을 두려고 한다. 관점이 잘 정리되지 않은 상태에서의 백화점식 정책은 지도 없이 무작정 걸어가는 걷는 것과 마찬가지일 것이기 때문이다. 경제를 내실 있게 성장시키면서 국민이 골고루 잘사는 나라를 만들자는 데는 누구나 동의할 것이다. 그러나 그 방법론을 놓고 진영이 갈라져 골이 깊은 대립을 계속하고 있는 게 우리 사회의 현실이다. 성장 대 분배, 기업 대 노동 등 이분법적 구도 속에서 서로가 대치 상태를 거듭하면서 유연하고 실용적이며 현실적인 선택의 가능성을 좁혀놓고 있다. 여기에서 헌법을 들여다보자. 헌법 전문은 경제와 관련해 이렇게 주문하고 있다.

'정치·경제·사회·문화 모든 영역에 있어서 각인의 기회를 균등하게 하고, 능력을 최고도로 발휘하게 하며...안으로는 국민생활의 균등한 향상을 기하고'. 기회 균등과 국민 생활의 균등한 향상을 강조하고 있다. 헌법 '제9장 경제' 제119조는 이를 더 명확하게 서술하고 있다.

> 제119조 ① 대한민국의 경제질서는 개인과 기업의 경제상의 자유와 창의를 존중함을 기본으로 한다.
>
> ② 국가는 균형있는 국민경제의 성장 및 안정과 적정한 소득의 분배를 유지하고, 시장의 지배와 경제력의 남용을 방지하며, 경제주체간의 조화를 통한 경제의 민주화를 위하여 경제에 관한 규제와 조정을 할 수 있다.

균형 있는 경제 성장, 적정한 소득분배, 경제 민주화 등이 헌법이 지향하는 한국 경제의 가치이자 목표이다. 중요한 점은 당연한 얘기지만 이런 목표를 달성하기 위해 반드시 어떤 방법과 길을 따라가라는 언급이 없다는 점이다. 극단적으로 얘기하면, 헌법이 정한 경제의 목표를 달성할 수만 있다면 어떤 방법을 써도 되는 것이다. 그러나 우리가 바라보고 있는 현실은 목표보다는 수단과 방법에 대한 고정적 관념에 매몰돼있다. 흰 고양이든 검은 고양이든 쥐만 잘 잡으면 된다는 실용주의적 사고방식이 부족하다. 진영이 아니라 국민의 입장에 서서 개방적인 자세를 취하면 된다. 성장과 경제 민주화의 조화라는 목표를 동시에 달성하기 위해 도움이 된다면 진영의 이념보다는 국민 입장에서 선택하는 유연성이 요구되는 것이다. 더구나 지금은 경제 성장과 분배 모두에 빨간불이 켜진 상태이다. 일방적으로 시장만 선택한다던가 아니면 분배만 중시한다던가 하는 방식으로는 우리에게 주어진 문제를 풀어나갈 수가 없다. 특히 한국 경제는 수출 의존도가 40%인 소규모 개방 경제이다. 수출을 많이 한다고 하는 중국(19.6%), 인도(19.2%), 일본(16.3%)의 수출 의존도의 배를 넘는 수준이다. 게다가 글로벌 시장에서는 한눈을 팔거나 한 차례 판단을 잘못하면 노키아처럼 주저앉는 무한경쟁이 진행되고 있다. 한국 경제의 대표선수인 기업들이 국제무대에서 잘 뛸 수 있도록 기업을 지원하는 정책과 사회적 분위기가 필요한 상황이다. 그렇다고 과거처럼 기업 지원이 모든 이슈를 압도하면서 분배, 노동, 소비자를 희생시키는 건 더는 가능하지도 않고 그렇게 해서도 안 된다. 무엇보다 양극화 심화가 소득과 자산을 물론 기회와 건강, 수명의 불평등 문제로까지 비화하고 있는 현실은 엄중하다. 이제 경제 전체를 하나의 '공동체'로 보고 성장과 분배, 기업과 노동을 조화시키는 발상의 대전환이 필요하다.

이런 관점에서 필자는 '양손잡이 경제'를 그 대안으로 제시한다. 이 말은 '양손잡이 민주화Ambidextrous Democratization'라는 표현에서 따왔다. '양손잡이 민주화'는 유러피안 대학 연구소European University Institute의 필립 슈미트가 언급한 말이다, 슈미트는 민주화를 '양손잡이'의 과정으로 표현한다.

> 한편에서 좌파는 보편적인 사건과 과정, 상징들을 촉발한다. 시민들은 종전에는 갖지 못했던 인권과 자유를 얻는다. 다양한 소스의 정보가 넘친다. 정당들이 만들어지고 서로 개방적으로 경쟁한다...우파 쪽에서 민주화는 개별 국가의 상황에 보다 구체적으로 현실적으로 적응하는 것을 포함한다. 위에서 말한 중요한 사건과 과정, 상징들을 실행하는 과정에서 실용적인 조정이나 협상을 통한 타협이 이뤄진다.[7]

슈미트는 민주화가 좌파의 보편적 가치와 우파의 현실적 조정이 혼합되는 과정이라는 점에서 왼손과 오른손을 다 같이 쓰는 '양손잡이'로 본 것이다. 슈미트는 현존하는 어떤 민주화도 자본주의와의 타협이 불가피하며 그 필요성이 금융자금과 생산 시스템의 글로벌화에 의해 제한을 받고 있다고 말한다. 그는 80년대 이래 서유럽과 북미 지역 대부분 국가에서 성장률이 떨어지고 양극화가 심화해왔음을 지적하면서 신자유주의 모델과 복지국가 모델 모두에 문제가 있었다고 주장한다. 슈미트는 따라서 '이상적이지만 존재하지 않는 민주주의ideal non-existing democracy'를 실재하는 '현실적 민주주의real-existing democracy'로 전환하기 위해 '좌우'를 아우르는 '혼합형 해법', 즉 양손잡이 해법을 제시한다. 슈미트가 언급한 것처럼 저성장과 양극화 심화가 병존하는 상황은 현재도 계속되고 있다는 점에서 성장과 분배, 두 마리 토끼를 잡기 위한

7 Phillippe C. Schmitter(2012.9.), 'AMBIDEXTROUS DEMOCRATIZATION AND ITS IMPLICATION FOR MENA', European University Institute

양손잡이 해법이 설득력 있게 다가온다. 슈미트가 얘기한 양손잡이 민주화는 최창집 고려대 명예교수에 의해 국내에 소개됐다. 최 교수는 "사회의 변화와 발전은 왼손잡이 민주주의관과 오른손잡이 민주주의관이 병존하면서, 양자가 변증법적으로 지양止揚해나갈 때 가능할 텐데, 양손잡이 민주화란 바로 이 점을 강조하기 위한 것"이라고 설명한다.[8] 여기에서 '왼손잡이 민주주의관'은 보편적 가치와 규범에 따라 행위하는 진보적 관점이고, '오른손잡이 민주주의관'은 전통적 가치를 중시하면서 민주주의를 이해하거나 빠른 변화와 개혁에 저항하는 보수적 관점을 말한다.

지금까지 얘기해온 '양손잡이'의 개념은 한국 경제의 해법을 찾아가는 데도 그대로 적용 가능하다고 본다. 필자가 '양손잡이 경제'를 강조하는 이유이다. 거듭 강조하지만, 지금은 성장과 분배 모두에 문제가 생긴 상태이고 앞으로 대응을 잘못하면 이 문제가 더욱 악화될 것으로 보인다. 따라서 다시 성장에 불을 지피는 '오른손 경제관'과 골고루 잘 사는 삶을 지향하는 '왼손 경제관'이 조화를 이루며 경제 전체의 체질을 건강하게 변화시켜나가는 '양손잡이 경제'의 유연한 시선이 필요한 때이다. 대통령이 대기업을 방문하면 '친기업'으로 선회했다고 비판하거나 분배 지향적 정책을 취하면 '좌파정책'이라고 비판하는 이분법적 사고로는 지금의 위기를 극복할 수 없다. 시장이나 정부, 어느 하나만이 모

8 최창집·박상훈(2017.3.), 《박정희 패러다임의 붕괴: 최창집 교수와의 대화》, 양손잡이 민주주의, 후마니타스

든 문제를 해결해줄 것이라는 식의 배타적, 근본주의적 사고로는 복잡하게 얽혀있는 경제 문제의 씨줄과 날줄을 가지런하게 풀어나갈 수 없다. 신자유주의에서 시장 근본주의가 가져오는 폐해를, 또 '유러피안 드림'에서 지나친 복지가 가져오는 정부 실패를 본 만큼 정부와 시장의 영역을 적절하게 조화시키는 '혼합형 사고'가 필요하다. 이는 정부 실패를 보완하는 시장, 그리고 시장 실패를 보완하는 정부 모두 경제에는 없어서는 안 될 요소임을 인정하는 것이다. "민간 부분의 자생력이 크게 부족해진 현실에서 민간주도냐 정부주도냐 하는 논쟁은 큰 실익이 없다"는 주장이 바로 '양손잡이 경제'의 본질을 잘 짚고 있다.[9] 양손잡이 경제는 이런 점에서 1990년대 후반부터 토니 블레어 영국 신노동당 정부의 정치적 이념이었던 《제3의 길》과 맥락을 같이하고 있다. 《제3의 길》은 진보와 보수의 경제관이 한데 어우러진 혼합경제를 지지했다. 평등과 적극적 복지 등 진보적 가치는 그대로 유지하되 경제의 경쟁력과 부의 창출도 강조했다. 특히 정부는 기업가적 문화를 발전시키는데 필요한 인적 자원과 기반시설에 대한 투자에서 중요한 역할을 해야 한다고 봤다. 《제3의 길이》 추구한 혼합경제는 공익을 염두에 두되 시장의 역동성을 이용하고, 규제와 탈규제의 균형을 추구했다. 왼손과 오른손 경제관이 성장과 평등을 조화시키기 위해 한데 섞여 동원된 경우이다.[10]

---

9 이근 등(2018.4.), 《미래산업 전략 보고서》, 21세기북스
10 앤서니 기든스(2014), 한상진 옮김, 《제3의길》, 책과함께

진보와 보수의 뿌리와 그 진로

야전 참호에서는 모두가 케인스주의자가 되는 것 같다. —로버트 루카스

양손잡이 경제의 관점에서 보면 진보와 보수로 편을 가르는 이분법적 사고는 오히려 경제에 독이 된다. 한국판 진보와 보수는 정치적으로는 권위주의적 군사정부에 저항해 민주화운동을 해오는 과정에서 형성된 정치 이념의 성격이 강하다. 적어도 경제 문제에 관한 한 서구西歐처럼 철학적 논쟁을 통해 정부와 시장을 보는 관점이 이분화한 것으로는 보기는 어려운 게 사실이다. 그래서 그 철학적 빈곤을 진단해보고, 또 실제로 시장이나 정부는 항상 '이인삼각二人三脚의 혼합형'으로 운용돼왔음을 살펴보기 위해 진보와 보수, 그 대치된 관점의 뿌리를 거슬러 올라가 보자.

보수와 진보, 그 이원화된 관점은 18세기 말 미국 독립혁명과 프랑스혁명 때부터 탄생했다. 두 이념적 사조思潮를 발원시킨 원

조 두 사람은 아일랜드 출신의 영국 정치가인 에드먼드 버크와 영국 태생의 미국 이민자였던 토머스 페인이었다. 버크는 영국의 헌법 전통을 지지했다. 보수의 출발점이다. 페인은 자유와 평등의 옹호자였다. 진보의 출발점이다. 1789년에 일어난 프랑스혁명을 보는 두 사람의 관점은 판이했다. 보수 성향의 버크는 급진적 프랑스혁명에 반대하고, 영국 헌법의 점진주의를 옹호했다. "도덕·습성·관성이라는 전체 시스템은 사회에 우호적인 감성을 지원하기 위해 발생해왔고, 그 시스템을 뒤집으려는 시도는 그러한 감성을 송두리째 제거함으로써 사회적 평화와 개인의 안전을 위태롭게 한다"는 게 버크의 생각이다. 페인의 의견은 정반대이다. 그에게 여러 세대를 거치며 축적해온 사회적 관계와 차별은 아무런 천부적 권위도 갖지 않는다. "세상을 다시 시작할 수 있는 힘이 우리 안에 있다"는 게 페인의 선언이다. 평등 문제를 바라보는 두 사람의 시선도 판이하다. 버크는 인위적으로 평등하게 만들려고 한다고 해도 결코 평등해지지 않고 사회에는 항상 최상층이 존재한다며 불평등을 인정했다. 반면, 페인은 모든 사람이 대등한 관계에 있으며, 따라서 누구도 최고의 권력을 장악할 자격을 부여받지 않았다는 평등론을 주장했다. 이렇게 상반된 보수와 진보의 관점은 정부를 보는 시각의 차이로 그대로 이어진다. 페인은 정부가 노인과 유아, 가난한 사람들을 부양할 도덕적 의무가 있다며 복지제도를 강력하게 지지한다. 버크는 '강 건너편'에 있다. 정부의 '경제 조작'은 사회 질서에 심각한 지장을 줄 수 있으며, 경제는 그냥 내버려 둘 때 가장 잘 작동한다고 반박했다.[11] 버크와 페인은 각각 보수와 진보의 씨앗을 뿌린 사람들이다. 그 씨앗이 줄기와 가지를 키워 상반되는 두 축의 세계관이 엎치락뒤치락하며 세상을 운전하는 키를 잡아 온 것이다.

조지 레이코프는 저서《코끼리는 생각하지마》에서 보수와 진보의 차이를 가족 관계를 빗대어 설명하고 있다.[12] 레이코프에 따르면 보수는 '엄격한 아버지의 가정'이고 진보는 '자상한 부모의 가정'이다. 레이코프는 보수는 '아버지', 진보는 '부모'의 역할로 각각 설정했다. 아버지를 가정의 우두머리로 본 반면 부모는 성별 중립적이라고 레이코프는 설명한다. 레이코프에 따르면 엄격한 아버지는 험한 세상으로부터 가정을 보호하고 가족을 부양하며 자녀들에게 옳고 그름을 가르친다. 아이는 훈육을 잘 받아 선한 사람으로 자립하며, 이때부터는 엄격한 아버지가 자식의 삶에 개입하지 않는다. 이 논리에 따라 보수주의자들은 보살피고 돌보는 사회복지 프로그램에 반대한다. 사람들을 의존적이고 비도덕적으로 만든다고 보기 때문이다. 이에 비해 진보 성향의 자상한 부모는 자녀를 자상하게 보살피고 그 자녀들이 다시 다른 사람들을 보살피는 사람이 될 수 있도록 키운다. '자상한 보살핌'이란 감정이입과 자신과 타인에 대한 책임, 그리고 가정, 국가, 세계를 위

---

11 유벌 레빈(2014), 조미현 옮김,《에드먼드 버크와 토머스 페인의 위대한 논쟁, 보수와 진보의 탄생》, 에코

12 조지 레이코프(2014), 유나영 옮김,《코끼리는 생각하지 마》, 와이즈베리

한 헌신이다. 따라서 진보는 환경 보호, 노동자 보호, 소비자 보호 등 '보호'에 중점을 둔다.

케인스 vs 하이에크

이렇게 시간이 흐르면서 상반된 세계관의 성을 쌓아온 진보와 보수는 경제를 보는 관점도 판이하다. 양 진영의 경제관은 무엇보다 정부의 역할, 즉 정부와 시장의 관계를 보는 시각에서 크게 갈라진다. 그 관점의 발원지를 찾아가 보자. 경제를 보는 시선의 분기分岐를 가져온 주인공들은 케인스와 하이에크이다. 잘 알려진 대로 케인스는 정부의 시장 개입을, 하이에크는 시장의 기능을 더 중시했다. 케인스는 경기 순환의 바닥에서는 정부가 공공사업을 통해 충분한 수요를 만들어 내야 한다고 강조했다. 반면, 하이에크는 시장은 자연적인 힘에 따라 작동하기 때문에 정부가 인위적으로 시장에 개입하는 것은 소용없는 일이라고 맞섰다. 팽팽한 이론적 대치가 계속되는 가운데 1929년 증시 붕괴로 시작된 대공황은 케인스의 손을 들어주었다. 대공황으로 미국인 1,300만 명이 일자리를 잃어 성인 인구 4명당 한 명이 실업자가 되는 등 경제 전반에 짙은 먹구름이 드리워졌다. 상황이 다급해지자 당시 루스벨트 대통령(민주당)은 지인의 제안에 따라 1934년 5월 28일 케인스를 백악관으로 초대했다. 이 자리에서 케인스는 자신의 평소 지론 대로 차입을 해서라도 신속하게 대규모 결실을 볼 수 있는 공공사업을 우선 추진해 나라 전체의 구매력을 높이는 게 중요하다고 루스벨트에게 조언한다. 널리 알려진 뉴딜 정책이 추진되는 중요한 계기가 됐다. 정부의 역할을 중시하는 케인스 이론은 상당 기간 미국 경제 정책의 키를 잡게 된다. 공화당 출신 대통령인 드와이트 아이젠하워는 한국 전생이 끝난 후인 1954년 경기후퇴가 시작됐을 때 광역 고속도로망 건설 등 정부 지출을 확대했다. 그는 케인스주의를 채택한 최초의 공화당 대통령으로 평가받는다. 이후로도 백악관의 새 주인이 된 존 F 케네디(민주당), 린든 존슨(민주당), 리처드 닉슨(공화당) 대통령은 케인스주의를 경제 정책의 축으로 채택했다. 특히 닉슨은 공화당 소속임에도 불구하고 정부 지출이 완전 고용을 달성하는 데 유익할 것이라며 케인스의 손을 들어주었다.[13] 하지만 달이 차면 기우는 법. 1970년대 초반에 미국 경제에 찾아온 스태그플레이션은 케인스주의의 '약효'에 의문을 던져주었다. 그때까지는 실업률이 낮아지면 물가가 오르는 등 실업률과 물가가 서로 반대 방향으로 움직인다는 게 기본적 이론이었는데 물가와 실업률이 같이 오르는 스태그플레이션이 본격화되면서 케인스주의가 수명을 다한 듯했다. 정부 개입에 반대하는 하이에크의 반격이 본격화되는 계기가 됐다. 1974년 하이에크는 노벨경제학상을 탄다. 같은 입장을 가진 프리드먼도 가세했다. 프리드먼은 1976년에 역시 노벨경제학상을 탄다.(노벨경제학상은 케인스 사후 22년 후인 1968년에 제정되었다) 이들의 이

13 니컬러스 웝숏(2011), 김홍식 옮김, 《케인스 하이에크》, 부키

같은 기세는 미국과 영국의 정치적 기류의 변화로 더욱 힘을 얻는다. 1979년 영국에서 보수당의 마가렛 대처가 총리로 선출된 데 이어 1981년 미국에서도 공화당의 로널드 레이건이 대통령 자리에 올랐다. 이른바 신자유주의가 본격적으로 세계 경제를 휩쓸기 시작했다. 레이건과 대처는 '생활과 호주머니에 간섭하지 않는 정부'를 내걸면서 '작은 정부'와 시장의 확대를 강력하게 추진했다. 하지만 아이러니하게도 레이건은 소련과의 군비 경쟁에 나서면서 국방비에 막대한 자금을 쏟아부어 세계 최대의 채권국이었던 미국을 최대 채무국으로 위상을 떨어뜨렸다. 작은 정부를 앞세웠지만, 정부 지출 면에서는 케인스주의를 채택한 것 아니냐는 지적을 받고 있다.

이처럼 미국의 보수와 진보 정부는 표면적으로는 정부와 시장의 역할에 대해 상반된 입장이었지만, 실제 경제 상황에 따라 말과는 다르게 양 진영의 정책을 왔다갔다하는 유연성을 보였다. 이 같은 현상은 레이건 이후로도 이어진다. '제3의 길'을 내건 민주당 출신 클린턴 대통령은 직전 레이건과 조지 부시 대통령(41대)으로부터 막대한 규모의 국가 채무와 재정적자를 떠안은 탓에 '큰 정부의 종언'을 선언하며 정부 지출 축소에 나선다. 이와 함께 금융기관들에 대한 규제를 대폭 없앴다. 아이젠하워가 민주당 정책을 쓴 공화당 대통령이라면 클린턴은 공화당 정책을 편 민주당 대통령이라는 말을 들었다. 역설적으로 공화당 출신인 조지 부시 대통령(43대) 때는 정반대의 일이 일어난다. 부시는 취임 초기 9·11

테러 사태로 경제가 충격을 받자 재정 지출을 크게 늘리는 등 케인스주의적 부양정책 카드를 꺼내 들었다. 2007년에는 서브프라임 모기지 사태에 따른 금융위기의 쓰나미가 몰려오자 정부와 중앙은행인 FRB를 가리지 않고 돈을 쏟아부었다. 당시 타임에는 '돌아온 케인스The Comeback Keynes'라는 칼럼이 실렸다.[14]

> 지금 우리 모두는 케인스주의자이다. 이 말은 1965년 타임 커버스토리의 제목으로 공공적 담론이 됐던 구절이다. 그 말이 이제 다시 돌아와 유행하고 있다...우리가 현재 워싱턴과 다른 나라의 수도에서 보고 있는 것은 신용 붕괴에 의해 야기된 수요 붕괴로 경제가 붕괴되지 않을까 하는 두려움이다. 이 같은 위협에 직면해 각국 정부들은 1930년대 초반의 암울한 시기에 케인스가 제안한 처방전으로 돌아가지 않을 수 없어 보인다. 이는 정부가 조세 수입보다 많은 돈을 지출해 수요를 부추기는 방안을 말한다. 정부 지출은 반드시 그렇지 않겠지만 될 수 있으면 도로와 학교 같은 유용한 공공 공사에 쓰이게 될 것이다. 케인스를 비판한 이론으로 1995년에 노벨상을 받은 로버트 루카스 시카고대 교수는 "야전 참호에서는 모두가 케인스주의자가 되는 것 같다"고 농담을 했다.

14 Justin Fox(2008.10.23.), 'The Comeback Keynes', Time

미 행정부, 경제 정책의 유연한 '변신'

타임의 칼럼 중 루카스 교수의 말이 핵심을 짚었다고 본다. 경제가 '참호'를 쓸 정도로 전쟁(위기)중에 있을 때는 정부가 금고를 풀어 경제에 적극적으로 개입하는 진보적 케인스주의 정책이 소방수로 동원됐다. 이건 보수와 진보 정부를 가리지 않았다. 위기 해소가 발등의 불로 떨어진 상황에서는 이념에 집착하지 않았다. 보수 정부든 진보 정부든 급한 불을 끄기 위해 정부 지출을 크게 늘리는 등 '큰 정부'를 선택했다. 상대적으로 시장의 자율을 중시하는 정책이 펼쳐진 시기는 경제가 별다른 변화 없이 안정적이었을 때였다. 트럼프 행정부는 어떻게 평가할 수 있을까? 기본적으로 보수적이다. '미국 우선주의'를 내세우고 세율 인하 등 친기업 정책을 쓰고 있다. 하지만 트럼프 행정부를 '작은 정부'라고 부를 수 있을까? FRB에 대놓고 금리를 내리라고 압박하고, 자유무역 원칙을 무시하고 고율 관세로 중국에 무역전쟁을 걸고, 미국 기업들에 중국을 떠나거나 미국으로 돌아오라고 압력을 넣는 등 시장 원리를 무시하는 일이 비일비재하게 일어나고 있다. 세부적인 사안까지 시장에 개입하는 '무지막지한 큰 정부'도 서슴없이 선택하고 있다. 트럼프는 필요에 따라 보수와 진보를 마음대로 넘나들고 있다. 어쩌면 트럼프에겐 미국의 국익과 자신의 변덕 말고는 중요한 게 없을지 모르겠다. 지금까지 살펴본 것처럼 원칙적으로 공화당 정부는 작은 정부를, 민주당 정부는 큰 정부를 내걸어 왔다. 하지만 말과 실행은 달랐다. 겉과 속이 다른 게 아니었다. 경제 상황에 따라 필요하면 보수 정부는 큰 정부를, 진보 정부는 작은 정부를 실천했다. 공화당 부시 행정부가 금융위기에 대응하기 위해 정부의 곳간을 대규모로 풀고, 민주당 클린턴 행정부가 국가부채와 재정적자 축소를 위해 작은 정부를 지향한 게 대표적 예이다. 이들은 이념을 가지고 경직된 모습을 보이지 않았다. 경제의 위기 돌파나 국가 경제의 안정적 운용 등을 위해 이념에 얽매이지 않고 실용적으로 보수와 진보의 경제 정책을 넘나들었다. 특히 국가부채 규모의 추이만을 보면 레이건 행정부부터는 모두 큰 정부를 지향한 것으로 나타나 보수와 진보 정부의 차이를 구분하기가 어렵다. 하우머치howmuch.net가 행정부별로 미국 국가 채무 증가액(실질치 기준)을 분석한 것을 보면, 신자유주의를 내걸고 '작은 정부' 간판을 달았던 레이건 행정부는 집권 8년 동안 국가 채무를 세 배 이상 늘려 증가액만 1조 8,600억 달러에 달했다. 재정 지출 면에서는 큰 정부였다. 이후 행정부별 국가 채무 증가액은 41대 부시 대통령이 1조 5,500억 달러, 클린턴 대통령 1조 4,000억 달러, 부시 대통령(43대) 4조 5,500억 달러, 오바마 대통령이 8조 5,900억 달러에 달했다. 트럼프 대통령은 재임 기간인 2018년부터 2021년까지 국가 채무 증가액이 4조 7,800억 달러에 이를 것으로 예상된다.[15] 국가 전략이나 경제적 필요에 따라 보수 진보 양 진영 모두 정부 지출을 늘려온 것이다. 지금까지의 얘기를 종합하면, 미국의 진보와 보수 정부는 진영 논리에

---

15 howmuch.net(2019.10.29.), 'How Much the U.S. Debt Grow Under Each President?'

갇혀 있지 않고 국가 경제를 위해 필요할 경우 상대 진영의 정책도 탄력적으로 가져다 써왔음을 명확히 보여주고 있다. 이런 상황에서 미국 경제는 현재 양극화와 불평등 심화가 심각한 문제로 떠오르고 있고 11월 대선에서 핫이슈 중 하나가 될 전망이다. 불평등 문제는 신자유주의의 시장 중심 정책이 가져온 만큼 미국 정부가 적극적으로 나서 이 문제의 완화에 나서지 않을 수 없는 상황이 오고 있다. 경제의 안정을 해칠 정도의 큰 시장 실패에 대해 '큰 정부'로 대응하지 않을 수 없는 상황인 것이다. 실제로 신자유주의가 추진한 핵심 정책 중의 하나인 무역자유화와 금융시장 개방은 국가 간 세율 인하 경쟁을 가져와 기업의 세 부담을 낮춘 데 비해 상대적으로 근로자의 세 부담을 높였고, 그 결과 재정 지출 확대를 통해 정부가 근로자 보호에 나서도록 하고 있다고 영국의 경제정책연구센터CEPR는 분석하고 있다.[16] 더 개방된 경제일수록 개방이 가져온 문제 해결을 위해 더 큰 정부를 갖게 되는 역설이 발생한다는 말이다.

정부와 시장, 그 중간에 답이 있다!

우리나라는 상황이 어떨까? 경제 정책만을 보면 서구처럼 시장과 정부의 역할을 보는 철학적 관점의 차이에 따라 보수와 진

16 Rafael Espinoza, Jonathan D. Ostry, Xiaoxiao Zhang(2019.11.), 'Globalization, Redistribution, and the Size of Government', Center for Economic Policy Research

보가 차별성을 보였다고 말하기는 어렵다. 권위주의적 군사정부가 뿌리가 된 산업화 세력이 보수의 주축이 되고, 이에 대항한 민주화 세력이 진보의 주축이 되는 구조가 형성됨에 따라 한국적 보수와 진보를 가르는 주요인은 정치적 대치 관계였다고 할 수 있다. 물론 산업화 세력인 보수 정부는 친성장, 친기업의 성향을 보였다. 이에 비해 민주화 세력인 진보 정부는 친분배, 친노동의 성향을 나타냈다. 하지만 세부적인 정책을 들여다보면 미국 행정부의 경우처럼 한국의 정부들도 보수와 진보가 혼합된 정책들을 시행했다. 예를 들어보자. 박정희 정부는 보수였다. 성장을 중시하고 기업 지원을 위해 국가 자원을 총동원했다. 하지만 박정희 정부는 정부 주도로 경제개발 계획을 추진하고 시중은행을 국유화하는 등 강력한 관치금융 정책을 썼다. 경제 정책 면에서 볼 때 본질적 의미의, 즉 시장 원리를 중시한 '보수'였다고 할 수 있는가? 틀은 보수 정부였지만 '강력한 큰 정부'를 앞세워 상반되는 여러 정책을 혼재해서 썼다. 전두환, 노태우 정부도 마찬가지였다. 보수 기조의 경제 정책을 추진했지만 강력한 물가통제, 정부 주도의 중화학공업 투자조정, 기업의 비업무용 부동산 강제 매각 조치 등을 통해 권위주의적 큰 정부를 계속 유지했다. 진보 정부는 기본적으로 분배, 노동 중심의 정책을 폈지만, 상황에 따라 결이 다른 정책도 선택했다. 외환위기 와중에 출범한 진보 진영의 김대중 정부는 출발부터 정책의 재량권이 협소했다. IMF로부터 긴급 구제금융을 받는 대가로 합의된 노동시장 유연성 제도와 수입 자유화, 자본시장 개방 등 시장 중심의 정책을 시행하는 게 불가피했다. 당시 외환위기 극복 과정을 진두지휘했던 이규성 전 재정경제부 장관은 이와 관련해 "구조 개혁 프로그램 중 무역 및 자본시장 개방의 요구는 국제 금융시장의 신뢰 회복 문제와는 직접적인 관련이 없다는 점에서 선진국들이 자금을 공여하면서 숙원이던 경제개방을 관철하여 자국의 실리만 챙겼다는 비판이 강하게 일어났다"고 회고했다.[17] 경제 위기를 악용한 선진국의 '갑질'에 몰리는 상황이었으니 당시 경제 정책을 정부의 성향과 연결하는 논의는 그다지 유의미하지 않다. 김대중 정부의 성과는 외환위기의 조기 극복 그 자체였다. 노무현 정부의 경우는 진보 진영의 반발을 무릅쓰고 한미FTA 협정에 서명한 것이 진영 논리를 뛰어넘은 정책의 사례로 들 수 있다. 진보적 정책을 추진한 정부였지만 법인세율 인하 같은 친기업 정책도 시행했다. 이렇게 보면 한국의 역대 정부들이 추진한 경제 정책은 미국의 경우와 마찬가지로 진보든 보수든 경제 상황에 따라 두 진영의 정책을 그때그때 필요에 따라 혼재해서 썼다고 할 수 있다. 정부의 성격은 각기 달랐지만, 실행 단계에서는 왼손도 쓰고 오른손도 쓰는 양손잡이 경제 정책을 시행한 것이다. 특히 역대 어느 정부를 봐도 '작은 정부'의 모습을 보인 정부는 거의 없었다고 할 수 있다. 기본적으로 한국 정부가 민간을 '압도'하는 권위주의적 성향에서 탈피하지 못한 데다 정부 주도로 경제를 운용하는 틀을 계속했기 때문이다. 외국의 경우 보수 정부는 적어도 간판은 '작

17 이규성(2006.5.), 《한국의 외환위기:발생·극복·그 이후》, 박영사

은 정부'로 내걸었지만 우리나라는 보수 정부도 권위주의적 성향이 강했던 게 사실이다. 친기업 성향을 정책을 추진하면서도 경제 전반에 대해 강력한 통제권을 행사하는 '큰 정부'의 틀은 그대로 유지됐다. 지금까지 살펴본 것을 종합하면 미국이든 우리나라든 어느 정부도 순도 100%의 정부 주도 또는 시장 자율만의 경제 정책을 고집하고 시행한 정부는 없었다. 경제의 상황에 따라 정부 개입과 시장 자율 사이를 오가며 혼합형 양손잡이 경제 정책을 써왔다. 경기가 좋을 때는 각 정부의 성향이 반영된 정책이 시행되기도 했지만, 경제가 위기 국면에 들어서면 거의 예외 없이 재정 지출 확대를 통해 경제에 긴급 수혈을 하는 '큰 정부'의 모습을 보였다. 특히 우리나라의 경우에는 보수 정부조차도 작은 정부였던 적은 없음을 부인할 수 없을 것이다. 권력이 대통령에게 집중된 구조 탓이다.

얘기를 이렇게 풀어온 이유가 있다. 역사를 보아야 현재에 대한 정확한 진단과 처방도 내려질 수 있어서이다. 앞에서 살펴본 대로 경제 정책에 관한 한 정부의 정치적 성향이 그대로 일관되게 반영되지 않아 왔다. 보수도 진보 성향의 정책을 썼고, 진보도 보수 성향의 정책을 썼다. 경제 상황이 문제 해결을 위해 실용적이고 유연한 대응을 요구했기 때문이다. 국민경제의 안정을 위해 검은 쥐든 흰 쥐든 다 필요했기 때문이다. 이런 점에서 현재의 경제 문제에 대한 대응책을 마련하는 과정에서 경직된 이분법적 진영 논리가 걸림돌이 되고 있는 현실은 안타깝다. 정부의 개입이

'전가傳家의 보도寶刀'인 것처럼 보는 시선도, 시장을 '만능해결사'로 보는 관점도 모두 정답과는 거리가 있다. 역사가 보여주는 정답은 이 둘의 중간 어딘가에 있다. 그게 바로 정부 개입과 시장원리, 즉 큰 정부와 작은 정부를 잘 조화시키는 양손잡이 경제이다. 이런 관점에서 한국 경제가 걸어갔으면 하는 길에 몇 가지 큰 원칙을 논의해보려 한다.

무엇을 해야 하나

시진핑은 정치적 통제는 오로지 공산당의 손에 계속 남겨두되 경제적 자유를 확대해야만 중국의 경제발전이 지속된다고 결론 내린 듯 보인다. —글로벌 컨설팅 기업 가오펑의 CEO 에드워드 체

지금까지의 논의가 주는 시사점은 분명하다. '시장이 절대적으로 옳다' 또는 '정부가 절대적으로 옳다'는 근본주의적 사고는 무의미하며 위험하다는 것이다. 현실은 상대적 차이만 있을 뿐 시장과 정부 개입의 혼합, 즉 양손잡이 경제였다. 경제가 어려워 재정 지출을 늘리려고 하면 시장 논리를 앞세워 이를 비판한다거나 또는 대기업을 지원하는 정책을 얘기하면 친기업, 반개혁으로 비판하는 이분법적 시각은 진영 논리일 뿐 경제가 안고 있는 문제를 풀어가는 데는 도움이 되지 않는다. 현실은 실용적인 해법을 요구하고 있는데 경제가 경직된 진영 논리에 발이 묶여서는 안 된다. 헌법이 정해준 대로 '국민 생활의 균등한 향상'을 이루

는 데 필요하다면 어떤 정책이든 유연하게 써야 하는 게 국민이 정부에게 위임해준 책무이다. 지금은 경제의 체력 약화와 양극화 심화로 성장과 분배 모두에 빨간불이 켜진 상황이다. 더구나 상황이 더 어려워질 수 있다. 미국과 중국의 패권 경쟁 장기화, 잠재성장률 하락, 저출산에 따른 인구 감소와 고령화, 투자 부진, 일자리 축소를 가져올 4차산업혁명의 진행 등 곳곳에 위기 요인들이 '회색 코뿔소'처럼 도사리고 있다. 중국이 우리의 기술 수준을 따라잡은 데다 급속한 고령화로 우리에게 남은 시간이 그리 많지 않은 상태다. 성장을 부추기고 양극화도 해소해야 하는, 두 개의 과녁을 동시에 맞혀야 하는 상황이다. 이젠 필요하다면 왼손과 오른손을 다 써야 한다. 한국 경제에 딱 한 번의 기회밖에 없다는 위기의식을 가져야 한다.

여기에서 1986년 말 미국 경제의 실태를 들여다보자. 당시는 레이건 행정부 때였다. 미국 경제는 1970년대 후반에 일어난 제2차 오일쇼크에서 벗어나 83년에 4.6%, 84년 7.2%, 85년에 4.2%의 성장을 하다가 86년과 87년에 내리 3%대로 성장률이 떨어진 시기였다. 무엇보다 미국 산업이 위기에 직면했다는 목소리가 높았다. 당시 매사추세츠 공과대학(MIT)은 30여 명의 연구진이 참여한 산업 생산성 위원회를 구성해 심층 연구를 진행한 다음 '미국 경제 재건을 위한 처방'을 내놓는다. 그 내용 중 하나가 노사관계에 대한 진단과 대안 제시이다.

> 지금 미국의 경영자 및 노동조합, 정부는 중요한 전략적 선택의 기로에 서있다. 지금까지 미국에서 통용됐던 전통적인 노사관계관을 고집할 경우, 노사 간의 분쟁이 악화되고 생산에 사용되어야 할 자원이 분산되는 결과만을 초래하게 될 것이다. 노사 간에 새로운 협력관계가 확실해진다면 바람직한 실험정신과 혁신이 꽃피게 될 것이며 그것이 미국 경제 전체로 확산돼가는 효과를 얻게 될 것이다.[18]

30여 년 전 미국 경제에 대한 진단이지만 현재의 한국 경제에도 그대로 적용해볼 수 있는 진단이다. '중요한 전략적 선택의 기로에 서있다'는 판단이 특히 그렇다. 성장률을 다시 올리면서 양극화도 완화해가야 하는 중대한 과제 앞에서 노사가 서로를 포용하는 협력적 관계를 다지는 게 어느 때보다 중요해졌다. 한국 경제를 '경제공동체'로 보고 노사가 서로를 '공동체의 파트너'로 받아들이는 인식의 전환이 필요하다. 이를 위해서는 노사 모두가 노력해야 하며 정부가 이를 위한 여건을 조성해줘야 한다. 무엇보다 저성장 탈출과 새로운 도약을 위한 새로운 노사정 대타협이 이뤄져야 한다. 20세기 초반 스웨덴에서는 노사 양측의 대립이 심화하면서 몇 달에 걸쳐 총파업과 직장폐쇄가 이어졌다. 그 결과, 경제가 마비되면서 노사 양측이 모두 피해를 보는 등 부작용이 컸다. 이에 따라 1938년, 블루칼라 노동조합인 LOC와 경영

---

18 MIT 산업 생산성 위원회(1989), 《메이드 인 아메리카》, 신영수 옮김, 시사영어사

자단체 연맹인 SAF는 살트세바덴협약을 맺었다. 살트세바덴협약은 단체협약이 발효되면 파업이나 직장폐쇄를 하지 않는다는 평화의무 등을 규정하고 있다. 이때 노사의 대타협이 이뤄짐으로써 스웨덴의 노사관계는 안정화됐다는 평가를 받고 있다. 스웨덴의 노사 모두 수출 의존도가 높은 스웨덴 경제가 고부담·고복지의 시스템을 유지하려면 '산업 현장의 평화 → 국제경쟁력 강화 → 고성장 → 고부담·고복지'의 선순환 구조를 유지해야 한다는 공감대를 형성한 게 노사관계 안정의 주요인이 되었다.[19] 수출 의존도가 높은 한국 경제가 치열한 글로벌 경쟁 대열에서 뒤로 처지지 않고 선두권을 유지하려면 산업 현장의 평화, 즉 협력적 노사관계가 필수적이다.

대기업을 바라보는 시선에 대한 사회적 대타협

그동안 노사정 대타협 하면 임금 인상과 근로 여건 등이 이슈가 됐지만, 필자는 '대기업을 바라보는 시선의 사회적 대타협'도 있어야 함을 강조하고 싶다. 대기업들은 소규모 개방 경제인 한국 경제를 대표하는 선수로서 수출 확대 등을 통해 성장을 주도하고 많은 외화를 벌어들이고 일자리를 창출하는 등 큰 기여를 해온 건 부인할 수 없는 사실이다. 이 과정에서 정경유착, 비리,

19 유모토 켄지·사토 요시히로(2011), 박선영 옮김, 《스웨덴 패러독스》, 김영사

중소기업에 대한 불공정 거래 등으로 반기업 정서를 조성한 장본인이 되기도 했다. 공功과 과過가 다 있는 것이다. 잘한 것에 대해서는 잘한 대로 인정해 줄 필요가 있다. 법을 어기는 잘못에 대해서는 법에 따라 엄격하게 처벌하고 필요한 개혁은 개혁대로 하면 되는 것이다. 하지만 대기업을 바라보는 시선을 이제 바꿔야 한다. 글로벌 무대를 누비는 대기업들이 잘 해줘야 경제도 살고, 중소기업도 살고, 일자리도 생겨난다. 반기업 정서를 해소하는 사회적 대타협을 통해 대기업들이 국민의 응원을 받는 대표선수로 자리매김을 했으면 한다. 대기업이 잘해야 경제가 잘 돌아가는 마당에 언제까지 '친기업=반개혁'으로 보는 고정관념에서 헤어나지 못할 것인가.

이와 관련해 국가자본주의의 길을 걷고 있는 중국이 기업을 어떻게 바라보고 있는지 살펴보자. 중국 국영방송인 CCTV는 지난 2010년 기업의 탄생과 발전의 역사를 조망한 10부작 다큐멘터리 '기업의 시대'를 방송했다. 다큐멘터리의 제목 자체부터 많은 것을 시사해준다. 중국 공산당과 정부가 경제 전반을 통제하고 있는데도 '기업의 시대'라는 제목을 내걸어 기업을 응원하는 중국 사회와 정부의 시선을 그대로 담았다. 공산당 우위의 국가에서 '지금은 기업의 시대'라고 선언한 것이나 다름없다. 내용은 더 파격적이다. 뤄밍 CCTV 부사장은 다큐멘터리 내용을 책으로 펴낸 《기업의 시대》 머리말에서 "기업은 인류 역사상 가장 광범위하고 효율성이 높은 경제조직이며 '인류가 얻어낸 최고의 성과'로 평가받고 있다"고 극찬한다. 이 책에서 소개된 기업에 대한 평가를 일부 소개한다.

> 근대 이후 시장의 힘을 간과하고 기업 조직의 강점을 발휘하지 못한 국가와 사회는 점차 쇠퇴했다. 기업이 시장경제의 생산력을 발전시키고 개인의 창의력을 이끌어내는 국가만이 세계 무대의 중심에 우뚝 설 수 있었다.

> 야금부冶金部가 폐지되자 중국의 철강 생산량은 세계 1위를 차지했고, 방직공업부가 사라지자 중국의 방직업 생산량은 세계 최대가 되었다. 수십 개의 정부 부처가 차례로 경영 분야에서 퇴출된 것은 중국의 사회주의 시장경제 모델을 모색하는 과정에서 중요한 분기점이 되었으며, 그 덕분에 중국 특색을 가진 많은 국유기업들이 탄생했다.

일부 정부 부처가 없어져 산업이 더 좋은 성과를 냈다는 평가가 사회주의 또는 국가자본주의를 한다는 중국의 국영방송에서 여과 없이 방송됐다는 사실 자체가 이례적이다. '시장의 힘을 간과하고 기업 조직의 강점을 발휘하지 못한 국가와 사회는 점차 쇠퇴했다'는 경고에는 기업을 중국경제 경쟁력의 근원으로 보는 친기업 분위기가 담겨 있다. CCTV는 그러나 기업에 대한 주문도 잊지 않는다.

> 기업은 권력의 도구가 돼서는 안 되며 평범한 사람들이 지혜를 펼치고 에너지를 함께 모을 수 있는 무대가 되어야 한다. 기업은 돈의 노예가 되어서는 안 되며 사회의 혁신과 진보를 이끌어 내는 원동력이 되어야 한다. 또 기업은 차디찬 기계여서는 안 되며 인본주의의 창달자이자 수혜자가 되어야 한다...기업이든 정부든 인간의 진정한 행복을 목표로 하지 않는다면 진심에서 우러난 존중을 받을 수 없으며 긴 생명력을 가질 수 없다.[20]

한국 정부와 기업도 귀담아들어야 할 얘기이다. 정부, 정치, 기업 모두 기업이 경제활동을 하는 법인체의 영역 안에 머물며 성장과 일자리 창출, 분배에 기여하는 데 최선을 다할 수 있는 여건을 조성해줘야 한다. 권력이 기업을 건드리고, 기업이 권력을 움직여 비정상적 이익을 취하려고 하는 정경유착의 고리는 끊어져야 한다. 정부와 기업 모두 해야 할 일과 해서는 안 될 일을 잘 구분해야 한다.

정부규제, 중국 19위 vs 한국 87위의 역설적 현실

아이러니한 점은 국가자본주의 체제인 중국이 한국보다 기업에 대한 규제가 더 강할 것 같은 데 실제로는 정반대라는 사실

20 CCTV 다큐 제작팀(2010), 허유영 옮김, 《기업의 시대》, 다산북스

이다. WEF의 국제경쟁력 순위를 보면 중국은 28위로 13위인 한국보다 한수 아래다. 하지만 '정부규제의 부담'에선 중국이 19위로 87위인 한국을 훨씬 앞서고 있으며, 창업비용도 중국(9위)이 한국(97위)에 압도적 우위이다. 규제 완화에 관한 한 권위주의적 정치체제를 가지고 있는 중국이 한참 나은 평가를 받고 있다. 이와 관련해 글로벌 컨설팅 기업인 가오펑의 CEO인 에드워드 체는 "시진핑은 정치적 통제는 오로지 공산당의 손에 계속 남겨두되 경제적 자유를 확대해야만 중국의 경제발전이 지속된다고 결론 내린 듯 보인다"고 평가하고 있다.[21] 중국도 이런 마당에 우리도 규제를 풀어 기업이 자유롭게 뛸 공간을 넓혀주는 일에는 더욱 전향적인 입장을 보여야 할 것이다.

하지만 대기업을 바로 보는 시선에 대한 사회적 대타협에는 전제 조건이 필요하다. 대기업이 국제무대에서 잘 뛸 수 있도록 우호적인 시선으로 지원하고 응원하되, '잃어버린 낙수효과'가 되살아나도록 해야 한다. 적절한 정책 시행과 대기업의 자발적 협조가 긴요하다. 성장의 성과가 대기업에서 중소기업으로 잘 흘러가야 한다. 중소기업도 한 덩어리로만 봐서 안 된다. 1차 하청기업에서 2차 하청기업으로, 또 3차 하청기업으로, 그리고 근로자에게로 낙수효과가 막히지 않고 공유돼야 한다. 고장이 난 낙수효과의 파이프라인을 고쳐야 한다. 이런 변화의 필요성을 인정하

21 에드워드 체(2015), 방영호 옮김, 《중국은 어떻게 세계를 흔들고 있는가》, 알키

지 않고 '성장만 하면 다 해결된다'거나 '시장에 맡기면 다 해결된다'라고 주장하는 것 또한 무책임하다. 우리나라를 포함한 세계적인 저성장과 양극화 심화는 성장과 시장만을 중시하던 신자유주의가 가져온 결과가 아니던가. 현재의 경제 파이를 키우기 위해 성장에 다시 불을 지피는 것은 물론 중요하나. 그러나 그것만으로 부족하다. 성장 회복과 함께 낙수효과도 복원시켜야 한다. 성장의 효과가 경제 곳곳에 두루 미쳐야 성장도 의미가 있을 것이다.

일본경제의 '낙수효과'

박상준 일본 와세다대 교수는 저서 《불황탈출》에서 코로나19 위기 이전에 일본이 저성장에서 빠져나온 과정에 대해 상세하게 설명하고 있다. 이 책에서는 그는 일본 대기업이 중소기업과 성과를 공유한 낙수효과를 강조한다. "한국 중소기업의 임금은 대기업 임금의 60% 수준인 데 비해 일본 중소기업의 임금은 불황기에도 대기업 임금의 80% 수준을 꾸준히 유지했다"고 박교수는 지적한다. 중소기업의 고임금이 가능한 것은 중소기업들이 경쟁력이 있는 데다 대기업들이 단가 인가 압박을 이익이 공유되는 범위 안에서 자제한 데 따른 것이다. 대기업이 중소기업을, 그리고 중소기업은 근로자를 공동체로 보고 배려하며 이익을 공유하고 있다. "아베노믹스 이후 엔화가 절하되고 일본 대기업의 이익이 늘어나자 일본 정부와 정계에서는 그 이익을 중소기업 그리고 노동자들과 나누어야 한다는 목소리가 높아졌다. 그래도 일본 대기업은 좌파 정책으로 기업이 힘들다는 불평을 하지 않는다"[22] 대기업, 중소기업, 근로자 3자 모두가 '경제공동체'라는 공감이 형성돼있어 중소기업과 근로자의 몫을 키우자는 얘기에 '색깔론'을 가져다 대지 않는다는 것이다. 이렇다 보니 회사와 근로자 간에 서로 신뢰가 형성돼 안정적인 노사관계를 이루고 있다.《불황탈출》에서 눈여겨봐야 할 대목은 일본이 불황에서 빠져나온 것은 일본 정부의 경제 정책, 즉 아베노믹스 뿐만 아니라 일본 기업의 끈질긴 노력에 따른 것이라는 점이다. 휴대폰 분야에서 삼류로 밀린 소니가 게임과 로봇 등 부문에서 다시 세계 선두권으로 치고 나가고, 히타치가 철도와 도시의 시스템을 수출하는 회사로 환골탈태하는 등 기업이 변신 노력을 한 것이 큰 성과를 냈다. 중요한 사실은 아베노믹스가 기업에 유리한 환경을 조성해줘 기업들이 마음껏 뛸 수 있도록 해줬다는 점이다. 정부가 대기업을 밀어주고, 대기업이 이에 화답하면서 불황탈출에 성공했던 것이다. 이에 따라 다시 그 성과가 중소기업과 근로자들에게 흘러들어가는 선순환이 일어났다. 일본의 사례는 우리에게 시사하는 바가 크다. 정부, 대기업, 중소기업, 근로자 모두가 '경제공동체'로 힘을 합해 서로를 지원하고 배려할 때 경제가 다시 활기를 찾을 수 있다는 것이다. 이와 함께 낙수효과를 확산시키는데 대기업

---

22 박상준(2019),《불황탈출》, 알키

노조의 상생 노력도 중요하다. 스웨덴의 연대임금 정책이 이를 잘 보여주고 있다. 스웨덴의 고임금 근로자들은 자신들이 속한 부분에서 최대의 임금을 받는 것보다 저임금 직군의 임금을 올리는 것을 더 지지하고 있다. 본인의 월급보다는 저임금 근로자들의 임금을 올려줘야 한다고 생각하고 있다.[23] 이런 점에서 현대자동차 노조 제8대 지부장으로 당선된 이상수 지부장이 '부품협력업체 적정 단가 보장을 통한 협력사 노동자 생존권 보장'과 '저소득층 및 영세노동자 연대 강화'를 공약으로 내걸었던 건 바람직한 인식의 변화로 보인다.

정리하면, 노사 이슈에 대한 노사정 대타협과 함께 대기업을 바라보는 시선에 대한 사회적 대타협에 시동이 걸려야 한다. 대기업의 합법적인 경제활동은 정부가 충분히 지원하고, 대기업은 창조적 파괴를 통해 혁신적 변신을 지속해나가며, 그 성과를 중소기업 및 근로자와 공유해야 한다. 특히 중소기업의 경쟁력을 강화하는 데도 정부뿐만 아니라 대기업이 큰 역할을 해야한다. 이런 노력이 합심해서 이뤄졌을 때 성장도 회복되고 양극화도 완화되는 성과가 가시화될 것이다. OECD 회원국 중 불평등한 정도가 심한 우리나라가 최소한 지니계수 기준으로 OECD 평균치 밑으로 내려가 상대적으로 평등한 쪽에 들어가야 하지 않겠는가. 성장과 분배를 같이 잡는 데는 하늘에서 뚝 떨어지는 '편작扁鵲

23 윤승희(2019), 《스웨덴의 저녁은 오후 4시에 시작된다》, 추수밭

의 처방' 같은 비법은 존재하지 않는다. '오른손'과 '왼손' 정책을 가리지 않고 총동원해야 한다.

기본소득 논의의 '기본'

재난지원금과 기본소득이 준 긍정적 효과가 있다.
양극화 해소와 복지 확대를 주요 어젠다로 부상시켰다.

지난 2017년과 2018년 2년 동안 핀란드는 기본소득 실험을 했다. 실업수당을 받고 있는 17만 5천 명을 표본 추출했다. 이 가운데 2,000명에게는 매달 560유로(75만 원)의 기본소득을 지급했다. 기본소득은 조건 없이 지급됐다. 세금도 물리지 않았고, 취업을 해도 금액을 줄이지 않았다. 실험 결과는 어떻게 나왔을까? 실패로 알려졌지만, 꼭 그렇지는 않다. 지난 5월 6일 핀란드 정부는 기본소득 실험에 대한 평가보고서를 발표했다. 이 내용을 보면, 절반의 실패 또는 절반의 성공이다. 기본소득을 받은 25~58세의 2천 명은 그렇지 않은 사람들보다 한 해에 6일 더 일하는데 그쳤다. 기본소득을 받으면서 일을 하면 소득이 늘기 때문에 이들이 적극적으로 더 일할 것이라는 추정이 사실로 확인되지 않았다. 이것만을 보면 실패다. 성공적인 면도 있다. 기본소득을 지급받은 이들의 삶의 만족도가 더 높게 나타났다. 이들은 경제적이고 정신적인 스트레스가 덜했다. 미래에 대한 확신도 더 컸다. 다른 한 편으론 이 실험의 설정 자체에 오류가 있었다는 비판도 있다. 실업자만을 대상으로 한 게 문제였고, 표본도 너무 작았고, 실험 기간도 짧았다는 지적이다. 핀란드 정부는 2차 실험을 준비하고 있는 것으로 전해지고 있다. 그래서 1차 실험 결과를 찬성 또는 반대를 위한 근거로 삼기는 부적절해 보인다. 기본소득을 국민투표에 부쳐 부결시킨 스위스도 비슷한 경우이다. 2016년 6월에 실시된 이 투표의 안건은 모든 성인에게 매달 1인당 2500스위스프랑(317만 원)을 기본소득으로 준다는 내용이었다. 금액이 너무 컸다. 반대의 대상이 기본소득인지 과도한 금액인지 불분명하다. 그래서 기본소득에 대한 찬반 논쟁에서 이들 두 국가의 사례는 배제되는 게 맞다.

기본소득 논의가 뜨겁다. 재난지원금 지급이 이 논의의 물꼬를 열었다. 구체적으로 제도의 시행 여부에 대해서는 세밀한 진단이 이뤄져야 하겠지만 재난지원금과 기본소득이 준 긍정적 효과가 있다. 양극화 해소와 복지 확대를 주요 어젠다로 부상시켰다.

판 파레이스는 기본소득을 1) 일하는 것을 원하든 원하지 않든 2) 부자이거나 가난한 사람이거나 상관없이 3) 동거 형태와 무관하게 4) 거주 지역과 무관하게 일정한 소득을 지원하는 것으로 정의한다.[24] 사실 기본소득은 어제오늘의 얘기는 아니다. 미국 알래스카주는 1976년 석유 수입을 바탕으로 영구기금을 설치해 1982년부터 연 1회 주민들에게 1,000~3,000달러의 배당금을 지급하는 형태로 기본소득제를 시행하고 있다. 최근 들어서는 미국 민주당 경선에서 기본소득 이슈가 제기돼 주목을 받았다. 예상외로 선전하다 중도 사퇴한 앤드류 양은 자신이 주장하는 기본소득을 '자유 배당금Freedom Dividend'이라고 이름을 짓고, 소득과 직업이 있든 없든 미국 시민에게 1인당 1,000달러를 지급하겠다고 공약했다. 양은 10%의 부가가치세 도입, 기존 복지제도 통폐합, 최고소득층과 오염에 대한 과세 등으로 기본소득 실시를 위한 돈을 마련할 수 있다고 주장하고 있다. 국내에서도 민간연구소인 LAB2050에 의해 기본소득 도입 주장이 제기됐다. LAB2050은 '국민기본소득제: 2021년 재정적으로 실현 가능한 모델 제안'을 통해 한 달에 개인당 30만 원~65만 원을 지급하는 6개 시나리오를 제시한다. 이 경우 필요한 돈은 모두 187조 원~405조 원에 이를 것으로 추정된다. 2019년 정부 예산이 470조 원이니 기본소득 실시에만 얼마나 많은 돈이 들어가는지를 가늠할 수 있다. 이 연구소는 현행 기초생활 보장제도의 생계 급여를 기본소득으로 대체하고 소득세 비과세 및 감면 정비, 탈루 및 비과세 소득 적극 과세, 기본소득 자체에 대한 과세, 복잡한 복지 행정 단순화 등을 하면 필요한 재원을 마련할 수 있다고 주

---

24 필리프 판 파레이스 외(2018.6.), 홍기빈 옮김, 《21세기 기본소득》, 흐름출판

장한다.

이렇듯 기본소득은 아직은 실시를 위한 공감대가 형성돼있다고 보기는 어렵고 논의 초기 또는 실험 단계라고 할 수 있다. 재원 마련을 위한 추가 과세와 기본 복지제도의 정비 등 대형 이슈들에 대한 논의가 아직 숙성되지 않은 상태이기 때문이다. 특히 기본소득 시행에는 막대한 재원이 소요된다. 우리나라만 해도 성장잠재력 확충 등 다른 재정 수요도 만만치 않은 상태에서 기본소득 실시에 대규모 자금을 투입하는 방안에는 적지 않은 논쟁이 예상된다. 하지만 자동화에 따른 대량 실업 발생과 양극화 심화라는 심각한 상황이 가시화되면 기본소득 논의의 공간이 본격적으로 열릴 수도 있을 것으로 보인다. 유발 하라리는 이런 점에서 기본소득의 필요성에 대해 공감한다고 밝히고 있다. "21세기의 전례 없는 기술적, 경제적 파괴에 대처하기 위해 우리는 새로운 사회적, 경제적 모델을 최대한 빨리 개발해야 한다."[25] 하라리는 정부가 보편소득 대신 보편서비스를 보조할 수도 있을 것이라고 제안한다. 보편서비스는 정부가 교육, 의료, 교통 같은 서비스를 무상으로 제공하는 방식을 말한다. 기본소득은 앞으로 한참 동안의 토의과정이 필요한 사안이어서 그 기본 틀 몇 가지를 제시해보고자 한다.

---

25 유발 하라리(2018.9.), 전병근 옮김, 《21세기를 위한 21가지 제언》, 김영사

기본소득, '퍼스트 무버'일 필요는 없어

먼저, 기본소득은 아직 어느 나라에서도 시행돼 본 적이 없는 제도이다. 복지에 관한 한 전향적 입장을 취해온 핀란드와 스위스조차 실험과 국민투표를 실시하는 등 신중한 태도를 보였다. 더 중요한 점은 핀란드의 실험에서도 언급됐듯이 기본소득을 받는 사람들이 실제 취지대로 실질적인 '근로의 자유'를 누리는지 확인된 바가 없다. 특히 재난지원금의 지급 경험을 바로 기본소득으로 확장해서 보는 것은 논리의 비약이다. 재난지원금은 구제 조치이다. 기본소득은 근로의 자유와 복지제도 개편을 추구하는 것이어서 성격이 판이하다. 오랜 기간 폭넓고 심층적인 논의가 필요한 사안이다. 다른 나라들이 어떻게 움직이는지를 보면서 결론을 모색해가는 게 좋을 듯하다. 효과에 대한 검증이 불확실한 상황에서 서둘러 '퍼스트 무버'가 되려고 하면 적지 않은 시행착오가 우려된다.

둘째, 시기의 문제이다. 기본소득은 4차산업혁명이 가져올 일자리 파괴를 완충하기 위한 측면이 강하다. 문제는 4차산업혁명으로 인한 대량 실업은 현재 '우려'의 대상이지 본격적으로 가시화되기 보기 어렵다는 점이다. 기본소득의 필요충분조건이 형성되지 않은 것이다. 가뜩이나 지금은 코로나19 사태로 인한 경제적 충격 완화를 위해 재정 수요가 넘치고 있는 시기다. 경제 회생이 급한 상황에서 상당한 재원이 들어가는 기본소득의 구체적

시행방안까지 거론되는 것은 시기적으로 적절해 보이지 않는다. 각국 정부가 재정 지출의 초점을 이제는 구제에서 경기 부양으로 전환할 것을 촉구한 맥킨지의 권고에 유념해야 한다. 기본소득은 도입 재원을 마련하기 위해 기본 복지제도의 대체는 물론 증세도 불가피한 제도다. 기존 복지를 기본소득으로 대체하는 것은 수혜자들의 반발이 예상되는 등 복잡한 사안이다. 전례 없는 경제 위기 속에서 증세도 현실적인 선택지는 아니다. 경기에 더 찬물을 끼얹을 것이기 때문이다.

취약 계층 위한 최선의 제도 선택 필요

셋째, 효과의 문제이다. 최한수 경북대교수의 연구 결과('기본소득 모의실험')을 보면 기본소득이 도입될 경우 예산을 추가로 들이든 안 들이든 관계없이 소득분포 맨 아래쪽에 있는 1, 2분위 빈곤층 가구는 오히려 가처분 소득이 줄어드는 반면 중위소득계층이 혜택을 받는 것으로 나타났다. 왜 그럴까? 예산을 늘리지 않는 경우에는 빈곤계층에 집중돼 있던 복지 혜택을 다른 계층과 나누기 때문이다. 세율 인상으로 추가 재원을 확보하면 빈곤층도 세금을 부담하게 되기 때문이다. 기본소득이 빈곤층에게 불리하게 작용하는 것이다. 또 한 가지 짚어볼 점은 복지 확충을 위한 다양한 대안 중 어떤 제도가 가장 실효성이 있는가 하는 점이다. 현재 고용보험 대상을 프리랜서 등으로 확대해 사각지대를 없애는 게 더 시급하다는 주장도 제기되고 있다. 고소득자에게는 세금을 징수하고 저소득자에게는 보조금을 주는 마이너스 소득세도 기본소득과 유사한 제도라는 평가를 받고 있다. 이 중 어떤 제도가 더 근로의 자유를 보장하고 복지 혜택을 충분히 제공하는지를 정밀하게 따져보는 과정이 선행돼야 한다.

종합하면, 기본소득은 아직 이상과 현실의 괴리감이 크다. 그 꿈은 매력적이다. 현실에 뿌리 내리기는 짚어보아야 하는 요인이 많다. 풍성한 찬반 공방이 이뤄져야 한다. 그 과정은 기본소득의 실시 여부에 대한 답을 찾아가는 과정을 넘어설 것이다. 근로 동기 유발, 일할 의욕을 줄이는 복지함정의 회피, 취약계층 지원, 재정 건전성 유지 등 목표를 조화시킬 수 있는 '한국적 해법'을 모색하는 의미 있는 토의의 장이 될 수 있다. '가보지 않은 길'에 대한 창의적 사고가 요구되는 시기다.

한국 경제의 건강진단

저출산 문제는 정부에만 맡기지 말고
기업도 출산에 대해 파격적인 인센티브를 줘야 한다.

현재 한국 경제는 위기인가 아닌가? 정치적 관점을 최대한 배제하고 이에 대한 답을 내려보자. 현재 국제기관들이 한국 경제에 대해 내리는 평가를 보면 한국 경제가 가진 실력은 괜찮은 편이다. 2018년 기준 명목 GDP 기준으로 본 경제의 규모는 1조 6,200억 달러(전 세계의 1.66%)로 세계 12위에 올랐다. WEF가 평가하는 2019년 국가경쟁력은 우리나라가 세계 141개국 가운데 13위로 상위권이다. 일 년 전보다 두 계단 상승했다. 한국의 국가경쟁력 순위는 싱가폴, 홍콩, 일본, 대만보다는 낮다. 캐나다, 노르웨이, 중국보다는 높다. WEF는 기업가 문화, 연구개발, 사회적 자본, 공공부문 성과, 투명성, 기업지배구조, 정부의 미래지향 정도, 수송 인프라 등 항목을 대상으로 국가경쟁력을 평가하고 있다.

우리나라는 2019년 세계혁신지수에서는 고소득 국가 중 11위로 양호한 성적을 나타냈다. 인적 자본과 연구, 지식 및 기술 생산, 창의적 생산 등을 평가하는 이 지수에서 우리나라는 일본, 홍콩보다도 순위가 높다. 특히 블룸버그 혁신 지수는 2018년에 이어 2019년에도 1위를 유지했다. 연구개발 집중도, 제조업 부가가치, 첨단기술 집중도 등에서 최상위권 평가를 받고 있다. 블룸버그 혁신 지수에서 미국은 8위, 일본은 9위, 중국은 16위이다. 또 스위스의 국제경영개발대학원IMD이 평가한 '2020 세계경쟁력' 순위는 63개국 중 23위로 일 년 전보다 5단계나 올라섰다. 이 평가에서는 대만(11위), 중국(20위)보다 순위가 낮다. 일본(34위)보다는 순위가 높다. IMD는 143개 통계지표와 글로벌 기업인들의 설문 조사를 바탕으로 각국의 경쟁력을 평가하고 있는데 설문 조사에서는 각국의 경영 관행, 기업의 순발력, 부패 여부 등에 묻고 있다. 이렇게 보면 우리나라는 지표로 평가된 경쟁력 면에서 좋은 평가를 받고 있다. 하지만 글로벌 기업인들의 주관적 평가가 들어간 IMD 순위가 다른 경쟁력 순위에 비해 낮게 나타난 것은 해외 기업인들이 느끼는 체감 경쟁력을 계속 개선해나갈 필요성이 있음을 말해주고 있다.

특히 개별 평가항목을 들여다보면 한국 경제의 약점이 어디에 있는지가 잘 드러난다. WEF의 국가경쟁력 평가항목별 세부 순위를 경쟁국인 중국과 비교해보자. 앞에서 언급한 대로 전반적 경쟁력 순위는 한국이 13위로 중국의 28위보다 높다. 하지만 세부 항목을 들여다보면 우리가 중국보다 열세인 부분이 있다. 중국에 비해 경쟁력이 밀리는 항목은 정부규제 부담, 정책의 안정성, 디지털 비즈니스 모델에 대한 법적 적응성, 정부의 장기 비전, 항공 연결성, 민간 부문에 대한 국내여신, 중소기업 금융, 벤처캐피털 가용성, 창업비용, 기업가 리스크에 대한 태도, 기업의 파괴적 아이디어 수용성, 연구기관의 우수성 등이다. 정부와 금융, 창업 경쟁력에서 중국에 열세이다. 특히 중국이 한국보다 크게 앞서는 부분은 정부규제 부담(한국 87위, 중국 19위), 벤처캐피털 가용성(한국 51위, 중국 13위), 창업비용(한국 97위, 중국 9위), 기업가 리스크에 대한 태도(한국 88위, 중국 31위) 등이다. 규제와 창업 등 경제의 역동성 항목에서 중국보다 순위가 크게 낮다는 것은 미래의 경쟁력에 걸림돌이 되는 요인이 많다는 것을 의미한다. 이 부문에서는 부분적인 미조정이 아니라 발상의 전환을 바꾸는 파괴적 혁신이 필요하다.

'회색 코뿔소' 저출산·고령화

한국 경제는 현재의 단면만 들여다보면 전반적으로 경쟁력 수준이 양호한 편이다. 하지만 앞으로가 문제다. 경제의 앞날에 먹구름을 드리우는 적지 않은 구조적 위기 요인들이 존재하고 있기 때문이다. 먼저 경제 체력의 약화를 들 수 있다. 잠재성장률이 떨어지고 있는 가운데 실제 성장률은 잠재성장률에도 못 미치고 있다. 무엇보다 저출산과 고령화 추세로 인한 인구증가 둔화(또는 감소)와 고령 인구의 급증이 경제의 활력을 떨어뜨리고 있다. 당장 2020년부터 생산가능인구가 감소세로 돌아선 데 이어 총인구도 2028년을 정점으로 줄어들기 시작할 것으로 통계청은 전망하고 있다. 여기에다 생산성이 정체된 가운데 불확실성이 높아짐에 따라 기업투자가 위축된 것도 잠재성장률을 하락시키는 요인이 되고 있다. 이에 따라 정부는 잠재성장률 제고를 위해 투자 촉진, 생산성 제고, 여성과 고령자 고용 확대 등 대책을 추진하기로 했다. 여기에서 한 가지 짚어볼 점은 심각한 저출산 문제에 대한 대책이다. 저출산은 '회색 코뿔소'다. 다 아는데 근본 대책을 외면하다 큰 위기를 맞을 수 있는 요인이다. 대책을 보면 놓치고 있는 게 있다. 육아비용, 교육비 부담 등이 원인이지만 고령화도 큰 이유이다. 오래 살 것 같아 고령화에 대한 두려움이 있다 보니 일단 자신이 급한 것이다. 자신의 노후가 어찌 될지 모르는데 자녀 양육이 얼마나 무겁게 다가오겠는가. 고부담 고복지 등 방식을 써서라도 고령 인구에 대한 복지 문제가 풀리지 않으면 저출산 문제도 잘 풀리지 않을 것이다. 또 한 가지. 저출산은 정부만 풀어가는 대책으로 보는데 잘못됐다. 인구는 기업에는 노동 인력은 물론 소비자 규모의 문제다. 생산가능인구 감소 문제야 로봇 도입 등 자동화로 풀 수 있겠지만 절대 시장 규모가 크게 줄어들면 기업도 큰 위기를 맞이할 것이다. 정부에만 맡기지 말고 기업도 출산에 대해 파격적인 인센티브를 줘야 한다. 저출산은 정부와 기업이 같이 풀어나가야 한다. 이와 함께 중장기적으로 볼 때는 세계 주요 국가들이 노동력 부족을 해소하기 위해 이민자 확보 경쟁을 벌일 가능성도 있다. 미래를 길게 내다보는 대응 방안도 마련돼야 한다. 먼 훗날 나라가 없어질지도 모를 재앙이 느리게(다른 나라보다는 매우 빠르게) 다가오고 있는데 당장 내가 살아있을 때 일이 아니라고 생각을 해서 그런지 위기의식이 그리 크지 않아 보인다. 또 잠재성장률 제고는 정책도 정책이지만 경제 주체들의 사회적 공감과 합의가 뒷받침돼야 이뤄질 수 있다. 불확실한 기업 여건의 해소, 거의 모든 정부가 강조했지만 실효성을 거두지 못해온 규제 완화, 기업을 바라보는 시선에 대한 사회적 대타협, 생산성 향상을 위한 장애 요인 제거, '초갈등'의 완화와 규범과 신뢰 같은 사회적 자본의 축적, 양극화 완화 등 만만치 않은 과제를 해결해내야 한다. 이번이 마지막 기회라고 생각하고 '양손잡이' 정책을 최대한 활용해 경제의 기초 체력을 강화하는 반전의 계기를 확보해야 한다. 그렇지 못하면 우리 경제는 성장률 수준이 1%대로 하락하다가 궁극적으로 한 번도 경험해보지 못한 제로 성장에 직면하는 위기를 맞을 수도 있다.

다음으로 유념해 봐야 할 것은 대외여건의 불투명성이다. 미국과 중국이 무역전쟁의 확전을 피하기 위해 일시 휴전을 했지만, 코로나19 책임 문제와 기술 패권 전쟁 등을 둘러싸고 마찰의 수위가 점점 높아지고 있다. 게다가 '제조2025'를 통해 부품 등 중간재의 수입 대체를 강력하게 추진해온 중국은 이번 미국의 무역 보복을 계기로 대미 의존도를 줄이기 위해 중간재의 국내 수급 방안을 속도감 있게 추진할 것으로 보인다. 이를 달성하는 기간이 대폭 단축될 것이라는 전망이 나오고 있다. 중국의 이 같은 움직임은 미·중 무역마찰 못지않게 한국 경제에 큰 위기 요인이다. 국내 기업들이 중국에 수출하는 품목들이 대부분 부품 등 중간재이기 때문이다. 이런 관점에서 수출 포트폴리오에 대한 전반적인 재검토가 시급하다. 현재 한국 경제의 수출 의존도는 40%가 넘는다. 수출을 많이 한다는 중국과 인도의 두 배가 넘는 수준이다. 이렇듯 경제적 비중이 큰 수출의 26.8%(2018년)가 중국으로 가고 있고, 반도체가 수출에서 차지하는 비중은 20%를 웃돌고 있다. 지역적으로는 중국, 품목별로는 반도체에 대한 의존도가 지나치게 큰 상황이다. '달걀을 한 바구니에 담지 말라'는 투자 격언처럼 수출선을 중국 이외의 지역으로 다변화하고 대표적인 수출 품목들도 다양화해야 한다. 중국 시장과 반도체에 과도하게 기대는 구조로는 한국 경제의 안정적인 운항을 담보할 수 없다. 이와 함께 중국 수출 품목도 내수를 겨냥한 상품과 서비스의 비중을 높여나가야 한다. 여기에다 성장과 분배를 동시에 개선하면서 내수 기반을 강화해 수출 의존도를 하향 조정하는 정책을 중장기적으로 추진해야 한다.

'축적의 힘',
기획을 춤추게 하라!

한국 경제가 부족한 점은 창의적이고 근본적으로 새로운 개념을 제시할 수 있는 역량, 즉 '개념설계' 역량이다. —'축적의 시간'

2019년에 본격화된 일본의 무역 보복 조치는 우리 경제의 취약점을 그대로 드러냈다. 우리 경제가 일본과의 격차를 줄여오긴 했지만, 첨단 핵심소재와 기술 측면에서는 좁힐 수 없는 거리가 존재함을 뼈저리게 절감했다. 일본의 치졸한 보복 조치를 계기로 정부와 기업 모두 와신상담臥薪嘗膽하며 일본에 과도하게 의존하고 있는 소재와 부품, 장비의 국산화에 팔을 걷어붙이고 나선 것은 다행스러운 일이다. 소홀히 해 온 숙제를 처리해야 한다는 동력이 국가적으로 확보됐기 때문이다. 하지만 여기에서 우리가 깊게 짚어 볼 중요한 요인이 있다. 그것은 한일간에 기술격차가 왜 존재하게 됐는가 하는 근본적인 질문과 관련이 있다. 그것은 바로 '축적'의 부족이다. 노벨경제학상이 만들어진 1969년부터 2019년까지 일본은 물리, 화학, 의학, 경제학 네 분야에서 모두 15명의 노벨상 수상자를 배출했다. 대부분 과학자이다. 리튬이온 전지 개발로 노벨화학상 공동 수상자로 선정된 요시노 아키라 아사히카세이旭化成 명예 펠로는 "쓸데없는 일을 잔뜩 하지 않으면 새로운 것은 태어나지 않는다"고 강조했다. 2014년 청색 LED(발광다이오드) 실용화에 성공한 공로로 노벨 물리학상을 공동 수상한 나카무라 슈지는 지방 중소기업인 니치아화학공업에서 10여 년간 500번이 넘는 실패를 거듭한 끝에 세계 최초로 청색 LED 개발에 성공했다. 세계 유수의 연구기관과 대기업도 실패했던 청색 LED 개발을 일본 지방 중소기업 연구원이 해냈으니 '인간 승리'로 받아들여졌다. 나카무라 슈지는 말한다.

> 나는 천재적인 영감으로 새로운 이론을 만들어 낸 것은 아니며, 그 이론에 따라 신제품을 개발한 것도 아니다. 오직 하나, 무슨 일이 있어도 끝까지 해낼 수 있다고 믿고 외고집으로 거침없이 나아갔을 뿐이다. 누구도 따라할 수 없는 장인 정신으로 유기금속화학증착장치를 개조하여 청색 LED를 완성시켰다.[26]

일본의 노벨상 수상자 두 명의 사례에서 보듯이 오랜 기간 남들이 관심도 주지 않는 자리에서 묵묵히 연구에만 몰두해온 '축적의 힘'이 일본의 첨단기술 경쟁력을 뒷받침하는 핵심 요인이다.

---

26 나카무라 슈지(2015), 김윤경 옮김, 《끝까지 해내는 힘》, 비즈니스북스

서울대학교 공과대학 교수 26명이 펴낸 《축적의 시간》은 일본이 전 세계에 고부가가치의 부품 소재를 공급하는 기지로서 그 역량은 과시해온 힘은 수십 년의 축적된 노하우라고 진단하고 있다. 이들 전문가는 한국 경제가 부족한 점이 창의적이고 근본적으로 새로운 개념을 제시할 수 있는 역량, 즉 '개념설계' 역량이라고 지적한다. 그런데 이 '개념설계' 역량은 논문이나 교과서로는 배울 수 없고 오랜 기간 시행착오를 겪으며 축적하지 않고서는 얻을 수 없는 창조적 역량이다.[27] 한국 경제는 그동안 '빠른 추격자'로서 선진국을 모방하는 전략으로 성장해왔다. 하지만 이 모델이 현재 한계에 부딪혔다. 한국 경제가 '퍼스트 무버first mover'로서 한 단계 도약하기 위해서 필요한 것 중의 하나는 바로 개념설계 역량을 키울 수 있는 '축적의 힘'인 것이다.

민관의 '기획력'을 복원하라!

우리 경제에 또 한 가지 필요한 힘은 바로 꿈을 꾸고 미래 경제의 야심 찬 청사진을 만들어 내는 '기획력'의 복원이다.[28] 필자가 취재 경제 기자로 일하던 시절에는 정부든 기업이든 '기획'이 강하던 시절이었다. '기획'이 국가 경제나 기업의 앞길에 대해 큰 방향을 잡으면, 모두가 그 길을 향해 전력 질주하던 때였다. 여기

27 서울대학교 공과대학(2015), 《축적의 시간》, 지식노마드
28 필자가 쓴 《나는 기자다》(2018, 도서출판 새빛)에 실은 글을 부분적으로 수정한 글이다.

저기에서 다양한 상상들이 풍성하게 쏟아져 나왔고, 그중 일부는 실행에 옮겨져 한국 경제를 변모시키는 동력이 됐다. 특히 대기업들은 기업가 정신으로 불가능해 보이던 일에 도전했다. 삼성이 반도체 사업에 승부수를 던진 것도, 현대가 한 번도 해보지도 않은 조선업에 진출한 것도 꿈을 성취하려는 도전정신의 발로였다. 그렇다 보니 기업 내부에서도 기획이 주도적 역할을 했다. 꿈꾸는 '드리머Dreamer'들이 기획조직에 포진했고, 기업은 이들에게 힘을 실어주었다. 재무는 이를 뒷받침하는 역할에 그쳤다. '기획의 시대'였다.

1997년의 외환위기를 계기로 기획의 시대는 저물었다. 당시 국가가 외환 금고가 바닥나 부도 위기에 직면했다. IMF의 혹독한 구조조정 프로그램을 받아들여 위기를 넘겼다. 기업도 상황은 마찬가지. 돈줄이 바닥나 문을 닫는 기업들이 속출했다. 돈, 즉 재무의 중요성을 절감하는 시기였다. 자금의 숨통이 막히면 얼마나 끔찍한 일이 일어나는지를 깨달으면서 '꿈을 꾸는 기획'은 이선으로 물러났다. 정부든 기업이든 기획이 퇴조하고 재무 라인이 전면에 부상했다. 특히 기업은 그렇다. 자금 부족으로 생존 위기에 직면했던 기업들은 재무적 안정성을 중시했고, 이를 계기로 재무통들이 실권을 잡았다. 더구나 증권시장은 기업에 분기별로 '뛰어난 실적'을 요구하고, 여기에 부응하지 못하면 주가 하락이라는 징벌을 내리는 '압박 장치'의 역할을 하기 시작했다. 한 달 한 달이 급하다 보니 기업은 '꿈 대신 현실'을 중시했다. 필자도 대기업에서 간부로 근무해본 기간이 있었는데 중요한 의사 결정은 재무 중심으로 이뤄졌고, 기획은 '우아하지만 당장 급하지 않은 계획'을 세워보는 기능을 수행하는 데 그쳤다. 재무가 전면에 나선 경제. 추격형 성장을 하는 '패스트 팔로어' 단계에서는 현장 밀착형 전략을 수립하고 실행하는 데 성공적인 역할을 했다. 하지만 상황이 바뀌었다. 돈이 아니라 창조와 창의가 자본이 되는 4차산업혁명 시대이다. 더구나 우리 경제와 기업들은 패스트 팔로어의 단계를 넘어 퍼스트 무버로 뛰어나가야 하는 '가보지 않은 길' 앞에 직면해 있다. 따라 배우며 추격할 '역할 모델'이 없어졌다. 스스로 상상력을 발휘해 새로운 길을 열어가야 하는 상황이 됐다. 여기에서 우리는 이런 질문을 던져야 한다. 재무 중심의 사고로 퍼스트 무버의 미래를 펼쳐갈 수 있을까. 필자의 답은 부정적이다. 재무는 현안 중심의 단기적 사고를 한다. 재무는 미래의 일을 판단할 때도 리스크를 떠안는 데 보수적이다. 미래 현금흐름을 여러 가지 가정을 통해 예측한 다음 성공 가능성이 수치로 나타나지 않으면 움직이지 않는다. 재무적 사고 아래서는 허허벌판에 반도체 공장이나 조선 도크를 세우는 '무모한 의사 결정'을 할 수가 없다. 재무가 잘못된 게 아니라 원래 재무의 기능이 그런 것이다. "단기 목표를 중시하는 현상이 경제 전반을 해치고 있다"는 워런 버핏의 경고는 우리가 나아가야 할 길이 어디인지를 시사해주고 있다.

단도직입적으로 얘기하면 우리가 그토록 강조하는 기업가 정신은 재무에서 나오지 않는다. 엉뚱한 꿈을 꿀 수 있는 기획에서 나온다. 뤄아오종이 《구글 성공의 7가지 법칙》에서 제일 먼저 강조한 것은 '상식을 깨라'는 것이다. 구글의 창업자인 세르게이 브린은 스탠퍼드 대학 재학 시절 데스크톱만 많이 있으면 전 세계 웹 자료를 모두 내려받을 수 있다고 장담했나. 시노교수가 이해할 수 없다며 말했다. "스탠퍼드의 자료는 이미 다 다운로드 받은 것 같은데 도대체 얼마나 많이 더 다운받아야 하는 건가?" 페이지는 답했다. "전 세계 월드 와이드웹을 다 다운 받을 것입니다." 상식과 규칙을 깨는 이런 발상으로 구글의 막강한 검색 서비스가 탄생했다.[29] 이처럼 불가능한 것을 꿈꾸는 것은 기획이다. 재무적 사고에서는 나올 수가 없다.

속도가 중요한 시대이다. 기업들은 민첩함을 추구한다. 그러다 보니 기획은 뒷전이 되기에 십상이다. 하버드 비즈니스 리뷰HBR는 지난 2016년에 385명의 기업 경영진을 대상으로 설문 조사를 했다. 경영진들은 "속도가 중요해 계획을 수립하는 것에 대해 좌절감을 느낀다"고 응답했다. 이에 대해 유럽전략혁신센터의 알레산드로 디 피오르 대표는 '기획이 민첩함의 적은 아니다'란 글에서 속도와 기획을 조화시켜야 한다고 강조한다.[30]

---

29 뤄아오종(2007), 오수현 옮김, 《구글 성공의 7가지 법칙》, 이코노믹북스
30 Alessandro Di Fiore(2018.9.), 'Planning Doesn't Have to be the Enemy of Agile', Harvard Business Review

퍼스트 무버로 한국 경제의 앞날을 헤쳐나가야 하는 4차산업혁명 시대. 종래의 방식으론 안 된다. 꿈을 꾸는 기획이 춤추는 조직이 돼야 한다. 기획에 힘을 실어줘야 한다. 실패를 용인하자고 백번 천번 얘기하면 무엇 하는가. 당장 손실이 나는 걸 재무적 사고에서 어떻게 용인하겠는가. 한 축은 기획, 다른 한 축은 재무가 돼 이상과 현실이 조화를 이뤄야 한다. '가보지 않은 길'을 개척하는 힘은 꿈에서 나오기 때문이다. 모든 것이 달라지려면, 사람들이 적게 간 길을 가려면 '기획의 깃발'이 다시 날려야 한다.

지나친 각자도생 사회

우리의 부력은 우리 생활을 풍족히 할 만하고
우리의 강력은 남의 침략을 막을 만하면 족하다.
오직 한없이 가지고 싶은 것은 높은 문화의 힘이다. —김구

코로나19 사태 속에서 우리나라의 국가 브랜드가 한껏 높아졌다. 강력한 봉쇄조치 없는 효율적 방역으로 바이러스의 고삐가 잡혔다. K 방역의 선전이 이어지는 가운데 국민이 보여준 사회적 연대 의식은 유난히 돋보였다. 자발적인 사회적 거리두기 참여, 의료진의 헌신, 자원봉사의 행렬. 위기 때만 되면 어김없이 한 마음이 되는 모습에 세계는 물론 우리 자신도 감동을 받았다.

이렇게 뿌듯한 한국 사회의 모습 뒤에는 부인할 수 없는 그늘이 존재하는 게 사실이다. 무엇보다 극단적인 선택을 하는 안타까운 사건들이 끊이지를 않는다. 한국은 자살률에 관한 한

OECD 국가 1위라는 불명예를 안고 있는 '비극적 사회'다. 2018년에만 모두 1만 3,670명이 스스로 목숨을 끊었다. 하루 37.5명꼴이다. 우리가 일상적으로 맞이하는 매일 안타깝게도 40명에 가까운 사람들이 극단적인 선택을 하고 있다. OECD 표준인구[31] 10만 명 당 자살률은 24.7명으로 OECD 평균치인 11.5명의 배 수준을 넘을 뿐만 아니라 회원국 중 가장 높은 수준이다.[32] 세계 12위 경제 대국에서 왜 이런 불행한 일이 계속되고 있을까.

최근 세계행복보고서World Happiness Report 2020가 발표됐다. 제프리 삭스 미국 컬럼비아대 교수 등 3명의 학자가 매년 발표하는 세계 각국의 행복 진단표이다. 2017년~2019년의 기간을 조사 대상으로 삼았다. 행복하면 왠지 한국 사회와 거리가 멀어 보이는 건 하루 이틀 된 일은 아니다. 실제로 조사 대상 153개국 중 행복 순위가 61위에 그치고 있다.[33] 아시아 지역에서 우리나라는 대만(25위), 필리핀(52위), 태국(54위)보다 순위가 낮다. 그나마 이 정도의 순위를 유지한 것은 1인당 GDP가 27위, 그리고 건강 수명이 8위에 오른 덕분이다. 역시 경제와 높은 의료수준은 세계 어디에 내놓아도 손색이 없다. 하지만 90위 이하로 밀린 질적 평가 항목(10개 중 4개)을 보면 마음이 무거워진다. 먼저 삶의 선택에 대한 자유도Freedom to make life choices 순위가 140위로 세계 최하위권이다. 이 항

31 국제비교를 위해 연령 구조 차이를 제거한 표준인구
32 통계청(2019.9.), '2018년 사망원인 통계'
33 Sustainable Development Solutions Network(2020), World Happiness Report 2020

목을 조사할 때 질문은 "삶에서 무엇을 할지 자유롭게 선택하는 정도에 만족하느냐 만족하지 못하느냐?"이다. 우리나라는 '자유로운 삶의 선택'이라는 측면에서 불만족의 수위가 매우 높은 나라이다. 다음으로 전날에 행복했거나 즐거웠는지를 묻는 '긍정적 영향Positive affect' 항목이 있는데 99위로 낮은 순위다. 일상이 그다지 즐겁지 않은 것이다. 필자는 사회적 지지Social support라는 항목을 중시해서 본다. 이 항목의 질문은 "어려울 때 언제든 의지할 수 있는 친척이나 친구가 있느냐?"이다. 우리나라는 99위로 하위권이다. 지난해의 91위에서 8계단이 더 내려앉았다. 힘들 때 서로 돕던 공동체성이 무너지고 각자도생各自圖生의 대열에 선 한국 사회의 단면을 그대로 보여주고 있다. 소득 수준이 올라가면 어느 나라든 이런 현상을 보이는 것 아닐까 하고 생각해본다. 하지만 그렇지 않다. 소득 수준이 비슷하거나 높은 다른 나라를 보면 이 항목의 순위가 제법 높다. 1위 아이슬란드를 포함해 북유럽 국가들이 상위권에 포진해 있다. 몽골(13위), 싱가포르(37위), 대만(47위) 등이 공동체성 면에서 우리보다 더 나은 점수를 받았다.

경제협력개발기구OECD가 내놓은 '삶이 어떤가요How's Life 2020'라는 조사가 있다. 36개 회원국과 5개 비회원국 등 모두 41개 나라를 대상으로 한 조사이다. 여기에서도 비슷한 결과가 나왔다. "어려울 때 찾아갈 친구나 가족이 없다"는 응답 비중이 우리나라가 19%로 상당히 높게 나왔다. 다섯 명 중 한 명이 힘든 상황을 맞아도 도움을 요청할 가족이나 친구가 없는 상태이다. 다른 나라를 보면 상황이 딴판이다. 이 응답 비중이 아이슬란드 2%, 핀란드 4%, 영국·호주·에스토니아 각각 6%, 슬로베니아 7%, 미국·독일 각각 9%, 일본 11%로 우리나라보다 크게 낮다.[34] 우리나라는 조사 대상 국가 중 각자도생의 정도가 가장 심한 축에 들어가는 편이다.

바닥권인 한국의 사회적 자본

또 한국 사회가 문화적으로 취약한 항목 중의 하나가 바로 사회적 자본Social Capital이라는 점에 주목할 필요가 있다. 사회적 자본은 사회적 집단들이 효율적으로 기능하도록 하는 요소들로 인간관계, 일체감, 규범과 가치의 공유, 신뢰, 협력 등을 말한다. 영국의 싱크탱크인 레가툼Legatum은 경제의 질, 투자환경, 건강, 자연환경, 사회적 자본 등 12개 항목을 기준으로 평가한 번영 지수Prosperity Index를 발표하고 있다. 2019년 번영 지수의 경우 우리나라는 조사 대상 167개국 중 29위이다. 2009년보다 두 단계가 내려오긴 했지만 양호한 수준이다. 평가항목별로 보면, 교육(2위), 건강(4위), 경제의 질(10위), 시장 접근성 및 인프라(20위) 등이 상위권에 오른 데 비해 유독 사회적 자본만이 142위로 하위권에 머물고 있다. 한국의 사회적 자본은 리투아니아, 페루, 터키 등 국가의 수

34 OECD Better Life Initiative(2020.3), 'How is Life in 2020?', OECD

준이다. 싱가포르(18위), 태국(27위), 홍콩(28위), 중국(34위), 대만(49위)에 한참 못 미치고 있다.[35] 인간관계나 신뢰 등 자본이 바닥권인 사회가 한국이다. 이는 세계가치조사World Value Suvey에서도 잘 나타나고 있다. 조사 항목 중 "일반적으로 말해서 사람들을 믿을 수 있다고 생각하십니까? 아니면 인간관계에서 조심해야 한다고 보십니까?"라는 질문이 있는데 '대부분 신뢰할 수 있다'는 응답이 26.5%에 그친 데 비해 '매우 조심해야 한다'는 답이 73.0%에 달했다. 인간관계에 신중해야 한다는 응답의 비율은 연령이 많을수록 높게 나타났다.[36] 서로 돕지 않고 서로 믿지 못하는 사회가 한국의 현주소이다.

한국 사회는 소득 수준에 비해 서로를 돌보고 믿는 인간관계의 측면에서는 '낙제점'을 받고 있다. 행복의 가장 큰 축인 인간관계에 문제가 있으니 자살률도 높고 사회적 고립감도 깊은 불행한 사회의 모습이 지속되고 있다. 미국의 정신과 전문의인 조지 베일런트는 《행복의 조건》에서 "행복하고 건강하게 나이 들어갈지를 결정짓는 것은 지적인 뛰어남이나 계급이 아니라 사회적 인간관계"라고 강조한다. 베일런트는 한 인터뷰에서 "성인발달연구 대상자들에게 배운 점이 무엇인가"라는 질문이 나오자 "인생에서 가장 중요한 것은 바로 다른 사람들과의 관계라는 사실"이라고 답

35 Legatum Institute(2019), 'The Legatum Properity Index'
36 World Values Survey(2018), 'WV_6 Results(2010~2018)'

했다.[37] 한국 사회는 이 점에서 크게 어긋나 있다. 경제의 덩치만 커져 있지 내면(문화)은 퇴보하고 있다. 백범 김구 선생님의 말을 깊게 되새겨 봐야 한다.

나는 우리나라가 세계에서 가장 아름다운 나라가 되기를 원하며 가장 부강한 나라가 되기를 원하는 것은 아니다. 내가 남의 침략에 가슴이 아팠으니 내 나라가 남을 침략하는 것을 원치 않는다. 우리의 부력은 우리 생활을 풍족히 할 만하고 우리의 강력은 남의 침략을 막을 만하면 족하다. 오직 한없이 가지고 싶은 것은 높은 문화의 힘이다. 문화의 힘은 우리 자신을 행복하게 하고 나아가서 남에게 행복을 주기 때문이다.

지금 인류에게 부족한 것은 무력도 아니요 경제력도 아니다. 자연 과학의 힘은 아무리 많아도 좋으나, 인류 전체로 보면 현재의 자연 과학만 가지고도 편안하게 살아가기에 넉넉하다. 인류가 현재에 불행한 근본 이유는 인의가 부족하고 자비가 부족하고 사랑이 부족하기 때문이다. 이 마음만 발전되면 현재의 물질력으로 다 편안히 살아갈 수 있을 것이다. 인류의 이 정신을 배양하는 것은 오직 문화이다.[38]

---

37 조지 베일런트(2010), 이시형 감수, 이덕남 옮김, 《행복의 조건》, 프런티어

38 김구(2010), 《백범일지》, 아이템북스

2

미·중 패권 경쟁, 대충돌로 가는가

미국은 현재 세계 경제 1위 자리를 노리는 중국 경제를 주저앉히기 위해 기술과 무역 등 모든 경제 전선에서 중국을 압박하고 있다. 앞으로 중국의 미국 추격은 계속될 것인 만큼 두 나라의 패권 경쟁은 그치지 않을 것이며 이 과정은 긴장 고조와 완화를 반복하게 될 것으로 보인다.

코로나19 이후의 '넥스트 노멀Next Normal'

세상은 이제 코로나19 이전과 이후로 구분 선이 확연하게 그어질 전망이다. 맥킨지는 코로나19 이후의 세계를 '넥스트 노멀Next Normal'로 명명했다. 경제와 사회 질서가 극적으로 변화할 것으로 내다보고 있다.

어떤 기관에는 단기적 생존만이 의제이다. 다른 기관들은 불확실성의 안개를 헤치며 위기가 지나가고 모든 게 정상으로 되돌아왔을 때 스스로 위치를 어디에 둘지 고민하고 있다. '정상 상태'가 어떨지 질문을 던져본다. 누구도 위기가 얼마나 지속할지 알 수 없지만, 우리가 앞으로 목격하게 될 것은 종전의 정상 상태와는 다를 것이다

현재 상황에도 적용될 수 있는 얘기지만, 이 말은 11년 전 글로벌 금융위기가 발생했을 때 세계적 컨설팅 회사인 맥킨지의 이안 데이비스가 한 말이다. 금융위기를 계기로 세계 경제는 저성

장, 저물가, 저금리의 '악성 3저低 현상'에 빠져들었고, 우리는 이를 종래의 '정상'과 다른 '뉴노멀New Normal, 새로운 정상'이라는 역설적 표현으로 불러왔다.

코로나 19는 뉴노멀조차 과거로 흘려보낼 듯하다. 세계의 판을 뒤흔든 큰 충격으로 우리의 삶과 경제는 종전과 같은 일상으로는 되돌아갈 수 없을 것으로 보인다. 세상은 이제 코로나19 이전과 이후로 구분 선이 확연하게 그어질 전망이다. 맥킨지는 코로나19 이후의 세계를 '넥스트 노멀Next Normal'로 명명했다. 경제와 사회 질서가 극적으로 변화할 것으로 내다보고 있다.

팬데믹은 이젠 '신흥 안보' 이슈

넥스트 노멀은 우리에게 어떤 모습으로 다가올까? 현재 진행형 격변의 위기 속에서 그 실마리를 찾아보자. 먼저 앞으로 팬데믹은 방역의 차원을 넘어 신흥 국가안보의 이슈로 격상될 것으로 예상된다. 코로나19는 질병을 확산시키는 데 그치지 않았다. 경제와 사회 활동을 순식간에 중단시켜 국가적 위기를 가져올 수 있음을 보여주었다. 국제 공조보다는 각자도생이 만연된 세계에서 팬데믹은 국가안보 수호라는 측면에서 그 대비체제가 구축돼야 할 것이다. 특히 마스크 등 긴요한 의약품과 의료장비의 해외 의존도를 낮추면서 국내 비상 수급체계를 갖추는 게 무엇보다도 중요해졌다.

향후 가시화될 것으로 보이는 또 하나의 넥스트 노멀은 탈글로벌화이다. 코로나19는 글로벌화의 심각한 위험요인을 부각시켰다. 각국이 공급체인 안에서 서로 밀접하게 얽혀있는 상황에서 외부적 충격이 발생하면 공급체인이 도미노처럼 무너져 경제에 어떤 비상벨이 울리는지를 절감하게 됐다. 실제로 IMF 분석을 보면 지난 1993년부터 2013년까지 20년 동안 국제무역 증가량의 73%는 공급체인 내에서의 거래로 나타났다. 각국 정부와 기업은 중국 등 해외에 대한 의존도를 낮추는 일을 경제 안보 차원에서 강력하게 추진할 공산이 크다. 특히 미국은 전략적으로 중요한 품목의 국내 생산을 확대하고 중국 등 외국에 나가 있는 주요 기업들이 국내로 돌아오게 하는 리쇼어링을 강화하는 수순을 가속화할 것으로 예상된다. 서로 의존도가 높아 완전한 분리는 어렵겠지만 WTO 체제 출범 이후의 세계 단일시장에 큰 균열이 생기고 이 과정에서 경제 신냉전이 가시화할 수 있다.

코로나19 사태가 가져온 경제 대혼란은 각국 정부가 정부의 곳간이든 중앙은행의 돈줄이든 대폭 개방해 무제한 돈을 쏟아붓도록 했다. 당장 경제가 결딴나는 것을 막기 위해 무엇이든 해야 한다는 절박감으로 달려든 비상 대책이다. 지금으로선 불가피한 선택이다. 하지만 이번에 헬리콥터로 뿌린 돈은 나중에 부채 버블과 인플레 등 또 다른 문제를 초래할 수 있다. 또 이번에 금리를 거의 제로 수준으로 내리고 정부 부채 수준도 한껏 올려놓아 다음번 위기 때 쓸 수 있는 정책의 탄환이 바닥난 것도 문제이다.

기업의 비즈니스 행태와 개인의 일상에도 넥스트 노멀의 변화가 예상된다. 기업들은 온라인이 오프라인 비즈니스의 비상 탈출구임을 체감한 만큼 온라인 쇼핑 등 비즈모델에 더욱 주력할 것이다. 이는 이번 위기 상황 속에서 언택트, 즉 비대면 온라인 소비를 적극적으로 활용한 소비자의 수요 행태 변화가 잘 맞아떨어질 것이다. 기업들은 또 재택근무의 실효성을 강화하기 위해 스마트 워크 시스템을 구축하는 투자도 확대할 것으로 보인다. 재고 관리에도 변화가 생길 것이다. 실시간으로 재고 상황을 파악해 최소한으로 재고를 유지하는 전략에서 공급 충격에 대비해 적정 재고를 유지하는 방식으로 선회할 가능성이 크다. 개인의 경우에도 쇼핑과 교육 등 다양한 면에서 온라인 서비스의 소비에 대한 선호도가 높아질 것으로 보인다. 청천벽력같은 큰 위기를 경험한 만큼 만약에 대비해 예비적 저축을 늘릴 가능성도 크다.

대규모 부채 축적이 큰 위험 요인

앞에서도 언급했지만 코로나19 이후 글로벌 경제의 가장 큰 위험 요인은 대규모 부채 축적이다. 워런 버핏, 조지 소로스와 함께 세계 3대 투자자로 불리는 짐 로저스는 코로나 위기 이전부터 이런 경고를 했다.[39] "앞으로 1~2년 사이에 내 평생 최악의 경제 위기가 발생할 것이다. 전 세계 부채액이 사상 최악의 수치를 기록하고 있기 때문이다. 여기에 미·중 무역전쟁까지 얽히면 어마어마한 대참사가 벌어질 것이다" 로저스가 경제 위기의 도화선으로 주목한 주요 요인은 2008년 이후 전 세계적으로 급증한 부채이다. 국내총생산GDP보다 부채가 더 빨리 늘어난 결과, 전 세계 GDP 대비 채무 규모가 2.9배에서 3.2배로 확대됐다. 금융위기 이후 각국 중앙은행들이 돈을 대규모로 찍어낸 결과이다. 중앙은행들은 이렇게 많이 풀린 돈을 거둬들이기 시작했으나 트럼프 행정부가 중국을 상대로 무역전쟁을 벌이면서 경기가 냉각되자 돈줄을 다시 느슨하게 풀었다. 금융위기에 대한 처방이 새로운 위기를 가져오는 뇌관이 될 수 있는 아이러니한 상황이 된 것이다.

지금까지 세계 경제는 부채 축적으로 인한 위기를 세 차례 겪었다. 1980년대의 중남미 외채위기, 1990년대 후반의 아시아 외환위기, 그리고 지난 2007년~2009년의 글로벌 금융위기이다. 세계은행은 네 번째의 부채 축적이 일어나고 있다고 경고했다.[40] 이번 부채 축적은 2010년에 시작됐다. 특히 과거보다 더 빠르고 대규모로 부채가 늘어나면서 2018년 기준 부채 금액이 55조 달러에 달하고 있다. 가장 우려되는 것은 개도국과 저개발국의 부채 급증이다. 세계은행의 조사 대상 100개 개도국과 저개발국의

39 짐 로저스(2019), 오노 가즈모토·전경아 옮김, 《세계에서 가장 자극적인 나라》, 살림
40 M. Ayhan Kose·Peter Nagle 등(2019), 'Global Waves of Debt', World Bank Group

GDP 대비 부채 비율은 170%로 급상승했는데 2010년 이후 증가분만 54% 포인트에 이르고 있다. 이들 부채의 상당 부분은 중국이 제공했다. 문제는 부채가 빠르게 늘어왔는데도 이들 국가의 경제 성장은 둔화하고 있다는 점이다. 빌려온 돈이 효율적으로 쓰이지 않고 있기 때문이다. 위기 신호는 이미 나타나고 있다는 게 세계은행의 분석이다. 개도국과 저개발국 75%가 이미 대규모 재정적자를 기록하고 있고, 외화표시 기업부채가 크게 증가하고 있다. 또 경상수지 적자 폭이 2007년 때보다 네 배나 큰 수준이다. 앞으로 금리가 갑자기 오른다면 개도국과 저개발국에서 금융위기가 발생할 것으로 우려되고 있다. 여기에다 이번 코로나19 위기로 다시 세계 각국의 정부와 중앙은행에서 또 다시 대규모 자금이 쏟아져 나와 가뜩이나 '빨간 불'이 켜졌던 부채 문제가 세계경제의 또 다른 불안 요인이 될 것으로 우려된다.

투자 부진과 생산성 정체도 문제

세계 경제가 안고 있는 또 하나의 큰 문제는 투자 부진이다. 금융위기가 시작된 2008년 이후 지난 2017년까지 미국과 중국 등 세계의 4개 주요국 중앙은행은 양적 완화 등 비전통적 통화정책을 통해 10조 달러를 경제에 수혈했다. '헬리콥터를 통한 자금 살포'는 일단 위기를 진정시키는 데는 성공했다. 하지만 경제의 기본 축인 투자가 살아나지 않고 생산성도 지난 10년 동안 정체 상태에 빠져있다.[41] 4차산업혁명이 진행 중이라고 하는 데도 투자가 활성화되지 않고 있는 이유는 경제의 불확실성이 커 기업 투자가 주춤하고 있는 게 일차적 이유이다. 하지만 세계경제포럼WEF은 은행들이 기업 대출에 소극적이고 자금 사정이 나쁜 기업을 외면하고 있으며 수수료를 벌 수 있는 비즈니스를 우선시하고 있기 때문이라고 지적한다. 금융에서 투자로 이어지는 파이프라인에 동맥경화가 생긴 것이다.

경제는 투자, 노동 투입, 생산성 등 세 가지 축에 의해 뒷받침된다. 이 중 투자와 생산성 두 축이 특히 고장이 나 있다. 통상 산업혁명은 큰 폭의 생산성 향상을 가져온다. 1차 산업혁명 당시 서유럽 지역에서 생산성은 폭발적으로 증가했다. 1820년~1870년 사이에 63%가 늘어난 데 이어 1870년~1913년 사이에 76%가 늘어났다. 생산성은 이후에도 호조를 보이다가 1970년 이후부터 둔화 또는 정체 상태를 보이고 있다. 특히 정보화 혁명으로 일컬어지는 3차산업혁명과 현재 진행 중인 4차산업혁명에도 불구하고 생산성은 좀처럼 나아지지 않고 있다.[42] 이를 놓고 생산성 향상이 본격화할 때까지 시간이 좀 더 필요하다거나 혁신으로 물가가 내려 그렇게 보인다거나 하는 분석이 있지만, 정보통신과학기술의 발달에도 불구하고 생산성 향상이 이뤄지지 않고 있는 것

---

41 WEF(2019.10.), '5 trends in the global economy and their implications for economic policymakers'

42 CREDITSUISEE(2018.10.29.), 'Robotics & Automation: The productivity paradox'

은 부인할 수 없는 현실이다. 로렌스 서머스 하버드대 교수는 코로나19 위기 직전의 경제 상황을 '구조적 장기 침체secular stagnation'라고 불렀다. 정부가 재정 지출을 늘리고 중앙은행이 돈줄을 풀어 문제가 가려져 있을 뿐 양극화 심화, 노동력 증가 둔화 등에 따른 만성적 수요 부족으로 침체가 장기간 이어지고 있다는 게 서머스의 주장이다.[43]

글로벌 경기의 진로와 관련해 다음으로 주시해서 봐야 할 요인은 미·중 마찰의 향방이다. 미국은 현재 세계 경제 1위 자리를 노리는 중국경제를 주저앉히기 위해 기술과 무역 등 모든 경제 전선에서 중국을 압박하고 있다. 앞으로 중국의 미국 추격은 계속될 것인 만큼 두 나라의 패권 경쟁은 그치지 않을 것이며 이 과정은 긴장 고조와 완화를 반복하게 될 것으로 보인다. 미·중 패권 경쟁이 다시 악화될 경우 중국경제는 성장둔화 등 큰 부담을 안게 될 것으로 보인다. 중국은 무역마찰로 수출 확대가 어려워진 데다 거품 우려가 생긴 주택경기를 더 부양하는 것도 어려워 성장을 부추기기는 한계가 있는 상태이다. 중국경제의 침체는 세계 경제에 충격을 준다. 중국이 기침하면 세계 경제가 감기에 걸리는 시대이기 때문이다. 중국의 수입액은 1조 8,420억 달러(2017년)로 미국(2조 4,090억 달러)에 이어 세계 2위이다. 여기에다 세계 경제의 성장(구매력 기준)을 견인하는 기여도가 33%로 미국의 11%, 유

43 Lawrence Summers(2018.5.6.), 'The threat of secular stagnation has not gone away', larrysummers.com

로존의 4%보다 높다. 세계 경제 성장의 3분 1 정도를 책임지고 있는 중국경제의 침체는 바로 세계 경제의 침체를 가져온다. 우리나라는 물론 독일, 일본 등 경제가 부진을 보이는 이유이다. 대중 수출이 어렵기 때문이다.

미국 경제, 잠재성장률 하락 추세

미국 경제의 기초 체력이 약화하고 있다는 지적도 눈여겨볼 부분이다. 인구증가세 둔화, 투자 부진, 생산성 정체 등의 요인으로 미국의 잠재성장률이 하락하고 있는 것으로 분석되고 있다. 미 의회예산국은 2019년 1월에 발표한 '예산 및 경제 전망 보고서'에서 향후 5년 동안 미국의 잠재성장률을 금융위기 이전의 2.8%보다 낮은 2.2%로 추정했다. 또 바클레이즈 캐피탈Barclays Capital은 향후 10년간 미국의 잠재성장률이 3%에서 2.2%로 크게 떨어질 것으로 전망했다.[44] 여기에다 미국 경제의 혁신 능력 자체가 중국보다 취약해지고 있다는 경고의 목소리도 나오고 있다. 월터 이삭슨 툴란 교수는 타임에 기고한 칼럼에서 정부, 학계, 민간기업의 '삼각 동맹'에 의해 유지돼온 미국 혁신 경쟁력의 기본 틀이 무너지고 있다고 밝혔다. 실제로 그동안 미국 경제의 풍요로움은 컴퓨터, 인터넷, 마이크로 칩 이 세 가지 혁신의 조합

44 한국은행 뉴욕사무소(2011.2.22.), '미국 잠재성장률 하락 가능성에 대한 논쟁 및 시사점'

에 의해 촉진됐고, 이 혁신을 가져온 연구개발은 정부, 기업, 학계의 '삼각 동맹'이 만들어 낸 것이다. 예컨대 첫 컴퓨터는 국방예산 지원을 받은 하버드대와 펜실베이니아대가 만든 다음 민간기업 IBM이 상업화한 것이다. 하지만 미국 정부의 기초 과학 지원이 줄어들면서 미국은 GDP 대비 정부 연구지원금액의 비율이 세계 1위에서 12위로 뚝 떨어졌다. 특히 트럼프는 과학기술 연구에 대한 지원을 15% 추가로 삭감했다. 게다가 민간기업들도 단기 성과를 중시하면서 연구소를 해체하고 있다. 대조적으로 중국은 인공지능이나 유전공학 같은 기초 과학 분야를 집중적으로 지원하고 있다. 중국은 전 세계 AI 지원금액 중 48%(2017년)를 차지해 미국의 38%를 이미 앞지른 상태이다.[45]

정책적 실수 등의 요인으로 미국 경제의 실력이 취약해지고 있다는 분석은 향후 미·중 패권 경쟁의 양상과 글로벌 경제의 진로에 대해 시사하는 바가 크다. 미국의 견제에도 불구하고 중국의 미국 추격이 만만치 않을 것을 예고하는 것이며 이에 따라 양국 간의 마찰음이 더욱 커질 가능성이 크다. 이에 따라 미·중 간의 패권 경쟁은 세계 경제의 항로에 계속 불안 요인이 될 것으로 보인다. 미국과 중국이 서로 '디커플링'을 하게 된다면 그 긴장의 수위는 크게 올라갈 것이다. 다른 나라는 두 진영 중 한 진영을 선택해야 하는 상황으로 몰릴 수 있다는 우려를 그저 '소설'로만

45 Walter Issason(2019.1.3.), 'How America Risks Losing Its Innovation Edge', Time

흘려들을 수 없다는 게 지금 우리가 직면해 있는 세계 경제의 현실이다. 미·중 마찰의 진로가 앞으로 세계 경제의 향방을 좌우할 가장 중요한 변수인 만큼 이에 대해 심층적으로 짚어보려 한다.

"중국은 '적'이다"

중국을 적으로 지칭하지 않기를 바라는 사람들이 있다.

그러나 현실은 그러하다. —트럼프

한국 시각 금요일 09:00

영변으로 특수부대 2개 중대 병력을 실어 나르던 C-130 허큘리스 한 대가 중국군의 유도 미사일 공격을 받고 300여 명에 이르는 중대원들이 몰살하자 트럼프는 기다렸다는 듯이 중국에 선전포고한다.…, 이로부터 한 시간 후 미국 국무성은 주미 중국 대사관의 폐쇄와 중국 외교관들의 추방을 발표하고, 재무성은 중국이 보유한 달러와 채권의 완전 무효를 선언한다.[46]

김진명 소설 《미중전쟁》에 나오는 백악관 워룸에서의 시뮬레

46 김진명(2017), 《미중전쟁》, 앤파커스

이션 장면이다. 북한을 미끼로 중국을 공격하기로 한 미국의 계획이 한국 정부의 막판 노력으로 중단된다는 스토리이다. 미국과 중국이 전쟁 직전까지 가는 상황은 작가의 상상력이 펼친 허구이지만 최근 미·중 양국이 주고받는 공방전을 보면 '있을 수 없는 얘기'로 치부하기는 어려운 게 현실이다. 이 소설이 나온 것은 2017년 12월. 실제로 당시 현실에서는 어떤 일이 진행되고 있었을까. 트럼프는 2017년 1월 취임하자마자 그동안 별러온 중국에 대한 통상압력을 본격화한다. 2017년 한 해 동안 중국의 덤핑 등으로 미국 기업이 피해를 받았는지에 대한 조사 건수가 84건으로 일 년 전보다 59%나 늘어났다.[47] 특히 11월에는 26년 만에 처음으로 미 상무부가 직권으로 중국산 알루미늄에 대해 반덤핑 및 상계관세 조사에 들어갔다. 2017년은 미국으로선 '워밍업'을 하는 시간이었다. 2018년에 들어서면서부터 중국에 대해 파상적 공세를 펼쳤다. 미국은 중국에서 수입되는 2,500억 달러 규모의 제품에 대해 고율 관세를 부과했다. 앉아서만 당할 수 없는 중국은 대미 수입품 1,100억 달러에 대해 역시 높은 관세를 매기며 맞보복에 나섰다.

47 한국은행(2018.12.), '미국의 대 중국 통상압력 강화 배경 및 전망'

트럼프 행정부의 적대적 중국관

역사의 시곗바늘을 뒤로 돌려보자. 때는 1971년 4월 10일. 미국 탁구단이 '죽의 장막'을 넘어 북경에 들어갔다. 이른바 '핑퐁 외교'의 시작이다. 이때를 출발점으로 해 미·중 양국 간의 우호적 접촉이 이어지다가 마침내 1972년 2월 닉슨 대통령이 중국은 방문해 마오쩌둥과 역사적인 정상회담을 했다. 이로부터 7년이 지난 1979년 1월 1일 미국은 중국과 수교를 함으로써 냉전 시대를 마감했다. '적'이었다가 친구가 된 미·중 양국은 30년이 지난 지금 다시 적이 되어가고 있다. 왜 두 나라의 관계는 최악의 상황으로 치닫게 되었을까? 뒤에서 상세하게 다루겠지만 기본적으로는 중국의 거센 추격에 위기감을 느끼는 미국의 강한 견제심리 탓이다. 하지만 왜 지금인가? 이 질문에 대한 답은 미국 주요 의사결정권자들의 대 중국관에 있다. 먼저 수장인 트럼프 대통령. 트럼프는 중국을 '적'으로 보고 있다. 트럼프는 중국과 '경제전쟁'을 하고 있다. 중국에 대한 그의 부정적 인식은 2015년에 나온 그의 저서 《불구가 된 미국》에 잘 나타나 있다.

지난 수십 년 동안 중국 경제는 연간 9퍼센트에서 10퍼센트에 이르는 기록적인 성장을 했다. 경제학자들은 근래의 부진에도 불구하고 향후 10년 안에 중국이 미국을 따돌리고 세계 최대 경제권이 될 것으로 예측했다. 이런 판국에 우리는 중국과 경쟁하기 위해 어떤 일들을 했나? 중국을 이기기 위해 어떤 일들을 했나? 우리는 중국에 나가떨어졌다. 중국을 적으로 지칭하지 않기를 바라는 사람들이 있다. 그러나 현실은 그러하다. 중국은 저임금 노동력을 활용하여 여러 산업을 파괴했고, 수만 개의 일자리를 사라지게 만들었고, 우리 기업들을 염탐했고, 우리의 기술을 훔쳤으며, 화폐가치를 낮춰서 때로는 수입이 불가능할 정도로 우리 제품의 경쟁력을 떨어뜨린다.[48]

트럼프의 이 말에 지금 미 행정부가 중국에 대해 가지고 있는 불만과 적개심이 다 녹아들어 있다. 일자리 파괴, 기술 절도 및 스파이 활동, 환율조작 등이 트럼프가 중국을 적으로 보는 근거이다. 트럼프는 이 책에서 "그들(중국)이 보호주의 정책과 사이버 도둑질로 우리를 약하게 만들던 시절은 끝났다"고 선언한다. 현재의 미·중 마찰의 본질이 단순히 무역적자를 줄이는 데 있는 게 아니라 기술적 우위를 지켜내 중국을 제압하려고 하는 데 있음을 잘 알 수 있다. 이런 중국관을 가진 트럼프인 만큼 중국을 상대하는 협상 창구에는 강성 인사들을 배치했다. 먼저 트럼프의 무역정책 관련 핵심 참모인 피터 나바로 백악관 무역제조업 정책국장 겸 국가무역위원회 위원장. 나바로는 중국에 대해서 매파의 입장을 취해왔다. 나바로의 중국관은 그의 저서 《중국이 세상을 지배하는 그날》에 잘 나타나 있다. 책 제목부터 그가 중국에 대해 얼마나 강경한 입장을 취하고 있는지를 보여주고 있다.

---

48 도널드 트럼프(2015), 김대훈 옮김, 《불구가 된 미국》, 이레미디어

중국 공산당식의 변칙적인 '국가자본주의'는 세계의 자유시장과 자유무역 원칙을 산산조각으로 파괴하고 있다. 중국이 자유무역을 무시한 탓에 지금까지 미국의 제조업 일자리 수백만 개가 사라졌다. 미국의 최첨단 컴퓨터와 전자제품 제조업계에서 40%를 웃도는 일자리가 사라졌다. 중국은 아프리카, 아시아, 미국에 인접한 라틴아메리카 전역에서 독자적인 21세기 식민주의 정책을 펼치고 있다.[49]

나바로는 중국이 이같이 '악행'을 하고 있다면서 "모두 다 함께 일어나 중국이라는 탐욕에 눈이 먼 용에 맞서 싸우지 않는 한, 우리의 여생은 물론 후손들의 삶도 곤궁하고 위험해질 것"이라고 감정적인 경고를 잊지 않는다. 트럼프처럼 나바로의 눈에도 중국은 '적'인 것이다. 이 대열에 주목해서 봐야 할 또 한 사람이 있다. 로버트 라이트하이저 미 무역대표부USTR 대표이다. 라이트하이저는 1980년대에 미국을 추격해오던 일본을 상대로 '무역전쟁'을 벌여 일본을 주저앉힌 주역 중 한 명이다. 당시 미국에 가장 큰 위협이 되는 국가는 일본이었다. 80년대 전반기에 미국 무역적자의 42%가 일본과의 무역에서 발생했다. "정부가 미국 제품의 위조나 복사를 허용할 때, 그것은 우리의 미래를 훔치는 것이며 더 이상 자유무역이 아니다" 1985년 큰 폭의 일본 엔화 절상을 포함한 플라자합의가 나온 후 레이건 대통령이 일본을 지

49 피터 나바로(2012), 서정아 옮김, 《중국이 세상을 지배하는 그날》, 지식갤러리

칭하며 한 말이다. 그때 일본은 지금의 중국과 비슷하게 미국으로부터 지적 재산권 절도, 환율조작, 대규모 대미 무역흑자, 국가 주도 산업정책 등을 이유로 파상적인 공격을 받았다.[50] 일본은 미국의 힘에 밀려 엔화의 강세 등을 수용하며 꼬리를 내렸다. 이게 일본경제가 잃어버린 20년을 겪게 되는 계기가 된 것은 잘 알려진 사실이다. 이런 일련의 대일 압박 과정에 참여한 라이트하이저를 트럼프는 대중 협상의 전면에 내세웠다. 트럼프의 의도가 무엇인지를 잘 드러내는 인선이다.

"중국은 전략적 경쟁자이자 도전자"

이 같은 트럼프 행정부의 대 중국관은 2017년 12월 백악관이 펴낸 '미국의 국가안보전략'에 그대로 반영돼있다. 이 보고서는 중국을 미국의 안보와 번영을 좀먹고, 미국에 도전하는 '전략적 경쟁자', '도전자'로 규정하고 있다.

> 중국은 인도-태평양 지역에서 미국을 대체하고, 국가 주도 경제모델을 확산시키며, 이 지역의 질서를 자국에 유리하게 재편하려고 하고 있다. 수십 년 동안 미국의 정책은 중국의 부상과 전후 세계 질서로의 통합을 지원하면 중국이 개방될 것이라는 믿

50 Stephen Roach(2019.5.27.), 'Japan Then, China Now', Project Syndicate

음에 바탕을 둬왔다. 우리의 희망과 반대로, 중국은 다른 나라의 주권을 희생시키면서 자국의 힘을 키웠다. 중국은 맞설 수 없는 규모로 데이터를 모으고 활용하며 부패와 감시망의 사용을 포함한 권위주의적 시스템을 확산시켰다. 중국은 미국에 이어 세계에서 가장 능력 있고 자금 지원이 잘 되는 군사력을 키우고 있다. 중국의 핵무기는 나아지고 있고 다양화하고 있다. 중국의 군사 현대화와 경제적 확장은 부분적으로는 세계 수준의 미국 대학을 포함해 미국의 혁신 경제에 접근할 수 있어 가능한 것이다.[51]

중국을 바라보는 미국의 시선에는 이같이 적대감, 불만, 경계심, 두려움 등 여러 감정이 복합적으로 담겨 있다. 중국은 1979년 미국과의 수교를 통해 국제 사회에 명함을 내밀기 시작한 데 이어 2001년 세계무역기구 WTO에 가입함으로써 미국이 주도하는 세계 경제의 일원이 됐다. 미국은 중국이 이런 변화를 통해 저임금에 바탕을 둔 저가의 상품을 공급하고, 대규모 내수 시장의 문을 열어 세계 경제 성장에 이바지하는 역할을 기대했을 것이다. 하지만 기대와 달리 중국이 내수 시장에 대한 접근성을 제한하는 상태에서 제조업에서 미국을 제친 데 이어 단숨에 첨단기술에서까지 미국의 턱밑에 접근하자 80년대에 '일본 경보'를 울린 것처럼 이번에는 '중국 경보'를 발령했다. 이런 점에서 중국을 견제하고 비판하는 분위기는 미국 공화당에 그치지 않고 미국

51 The White House(2017.12.), 'National Security Strategy of the United States of America'

사회 전반에 퍼져 있다. 오바마 행정부 시절인 2012년에 미국 국가안보위원회가 펴낸 '글로벌 트렌드 2030 : 세계의 대안代案'이 이를 잘 보여주고 있다. 트럼프 행정부보다는 온건한 톤이지만 중국의 부상을 우려하는 시각이 이 보고서에 담겨 있다.

> 2030년의 세계는 지금의 세계보다 크게 변화할 것이다. 2030년에는 미국이든 중국이든 다른 강대국이든 지배적 힘을 갖지 못할 것이다. 국가 간의 힘의 분산은 극적인 영향을 미칠 것이다. GDP, 인구 규모, 군사비 지출, 그리고 기술 투자를 반영한 글로벌 영향력 면에서 아시아는 북미와 유럽을 추월할 것이다. 2030년이 되기 수년 전에 중국은 미국을 제치고 세계 최대의 경제 대국이 될 가능성이 있다.[52]

'문명의 충돌'과 '예정된 전쟁'

중국을 일본처럼 눌러 앉히고 패권을 유지하려는 미국의 결의는 어느 정도일까? 전쟁도 불사할 수준일까? 앞에서 소개한 김진명의 소설《미중전쟁》은 단지 허구일까 아니면 현실화할 가능성이 있을까? 문제는 이런 질문에 '아니다'라고 답을 할 수 없다는 데 있다. 실제로 두 나라가 군사적 충돌까지 갈 수 있다는 전

52 National Intelligence Council(2012.12.), 'GLOBAL TRENDS 2030:ALTERNATIVE WORLDS'

문가들의 경고가 이어지고 있다. 그 선두는 새뮤얼 헌팅턴. 헌팅턴은 1997년에 발간한《문명의 충돌》에서 일찌감치 냉전 체제 종식 후 이념의 충돌이 문명의 충돌로 대체될 것이라고 예견하면서 그 대표적 사례로 미국과 중국의 군사적 충돌 가능성을 들었다. 헌팅턴은 중국의 경제발전이 계속된다면 21세기 초반에 중국은 미국이 직면할 가장 심각한 안보위협국이 될 것이라고 정확하게 내다봤다. 특히 중국이 아시아의 패권국으로 부상하는 것을 미국이 저지하려고 들면 대규모 전쟁이 벌어질 가능성이 있다고 예측했다. 헌팅턴은 중국의 베트남 침공이 도화선이 돼 미국과 중국이 군사적으로 충돌하고, 이 전쟁이 전 세계적으로 확산하는 시나리오를 제시하기까지 한다. 그는 "나의 시나리오는 상당히 개연성이 있고, 우리의 마음을 불안하게 하는 것은 전쟁의 발발 원인으로 지적되는 내용이 현실적이라는 점"이라고 강조한다.[53] 황당한 얘기가 아니라는 것이다. 미·중 양국의 긴장이 전쟁으로 비화할 수 있다는 경고는 최근 그레이엄 앨리슨의 '예정된 전쟁'에서 더욱 구체화하고 있다. 앨리슨은 미국과 중국의 패권 경쟁을 '투키디데스의 함정'이란 틀로 진단한다. '투키디데스의 함정'은 기원전 5세기 고대 그리스에서 일어난 펠로폰네소스 전쟁을 당시 역사학자 투키디데스가 분석한 데서 나온 말이다. 스파르타가 아테네의 부상에 두려움을 느껴 전쟁이 일어났듯이 신흥세력이 지배세력의 자리를 차지하려고 위협할 때 벌어지는 혼란

53 새뮤얼 헌팅턴(1997), 이희재 옮김,《문명의 충돌》, 김영사

스러운 상황을 뜻한다. 앨리슨은 그동안 주요 국가의 부상이 지배 국가의 입지를 흔든 16개의 역사적 사례 중 12개가 전쟁으로 이어졌다면서 "수십 년 안에 미국과 중국 간에 전쟁이 일어날 가능성이 그냥 있기만 한 것이 아니라 지금 인식하고 있는 것보다 훨씬 높다"고 경고한다. 그가 가장 우려하는 것은 우발적 충돌의 가능성이다. 미국과 동맹국의 군함과 전투기가 중국의 전함 및 전투기와 역사상 그 어느 때보다 가까이에서 움직이고 있기 때문이다.[54] 헌팅턴과 앨리슨 두 사람 모두 자신들이 얘기하는 미·중 군사적 충돌의 시나리오가 발생 가능성이 있다는 점을 강조하고 있다. 이런 우려에 공감하는 경제학자도 있다. 누리엘 루비니 뉴욕대 교수는 무역전쟁으로 시작된 미·중 무역마찰이 상호 적대감이 계속되는 상태로 비화할 것으로 우려하면서 양국 관계가 잘못 관리될 경우 전면적인 냉전이 이어지고 이 과정에서 '대리전쟁' 같은 사태가 벌어질 가능성이 있다고 전망했다.[55]

지금까지 한 얘기들은 미·중 마찰이 단순히 무역 분규에 그치는 게 아니라 상황이 심각해지면 전쟁도 일어날 수 있는, 세계 패권을 둘러싼 한판 대결임을 말해주고 있다. 이 싸움은 중국의 경제력 강화가 어느 정도선까지 계속될지에 달려 있다. 경제력의 확장은 곧 강한 군사력으로 이어지고, 그 결과 패권의 교체도 가

---

54 그레이엄 앨리슨(2017), 정혜윤 옮김, 《예정된 전쟁》, 세종서적
55 Nouriel Roubini(2019.5.20.), 'The Global Consequences of a Sino-American Cold War', Project Syndicate

능해지기 때문이다. 폴 케네디는《강대국의 흥망》에서 경제적 변동은 군사·영토의 질서에 결정적인 영향을 미칠 새로운 강대국의 등장을 예고한다고 진단한다. 그는 대규모 군사력을 지탱하는 데는 경제자원이 필수적이기 때문에 결국 힘의 우열은 경제력으로 판가름 나며 이게 강대국이 국제 사회에서 차지하는 위치를 결정한다고 강조한다. 16세기에 무역 중심이 지중해에서 대서양으로, 다시 서북유럽으로 옮겨간 것이나 제조업의 중심이 1890년대에 서유럽을 떠난 것을 대표적 예로 든다.[56] 이렇게 보면 중국의 '경제 굴기屈起'를 막기 위한 미국의 공세는 앞으로도 상황에 따라 완급을 조절하며 계속될 것으로 보인다. 중국이 고개를 숙이면 속도를 조절하다가 전진 속도가 위협적이면 공세를 강화하는 식의 엎치락뒤치락이 반복될 전망이다. 경제력에서 잡히면 그게 군사력의 열세로 이어지고, 결국 패권을 내놓게 될지 모른다는 것을 미국은 잘 알고 있기 때문이다. 아니 역사가 이를 증명해주고 있기 때문이다.

---

56 폴 케네디(1987), 이주일 옮김,《강대국의 흥망》, 한국경제신문사

중국은 미국에 얼마나 위협적인가?

중국인들만이 유일하게 우리에게 광산, 댐, 수력발전소, 철도, 제련소를 묶어서 패키지로 제안했어요. —기니 광업부 장관

금융위기가 진행 중이던 지난 2009년. G20 정상회의가 영국 런던에서 열렸다. 안방에서 불이 난 미국은 코가 석 자인 상태였다. 대규모 보유 외환으로 미국 경제에 '링거 주사'를 꽂아준 중국은 기세가 등등했다. 당초 고든 브라운 영국 총리는 의제에 환경과 그린에너지를 넣으려고 했다. 화석연료를 많이 쓰는 중국이 가만있을 리가 없었다. 중국은 반대 의사를 분명히 밝혔다. 그러자 이 이슈는 의제에서 빠진다. 영국이 꼬리를 내린 것이다. 또 다른 장면. 2008년 12월, 사르코지 프랑스 대통령은 티베트의 정신적 지도자 달라이 라마를 만난다. 그런 그가 G20 정상회의 때는 예정에 없이 후진타오 주석의 숙소를 찾아가 티베트가 중국의 영토임을 확인해준다. 중국의 반발을 무마하기 위해 중국이 원하는 발언을 한 것이다. 10년 전에도 중국의 영향력은 이 정도였다. 지금은 어떨까? 최근 중국에 대한 미국의 파상적 공세에 그 답이 있다. 미국이 앞뒤 안 가리고 제동을 걸지 않으면 안 될 정도로 중국은 미국에 위협적인 존재가 되었다.

중국의 글로벌 영향력이 어느 정도 인지를 가늠해보기 위해 몇 가지 숫자를 예시해본다.

112개: 중국이 인프라 건설자금을 지원해주고 있는 국가의 수
203개: 중국이 해외에서 건설해준 교각, 철도, 도로의 수
199개: 해외에서 중국이 건설해준 발전소 수
99년: 스리랑카에서 중국이 항만을 무상으로 지어주고
확보한 항만 임대 기간[57]

피터 나바로 백악관 무역제조업 정책국장이 중국이 '21세기 신식민주의'를 구축하고 있다고 얘기했듯이 자금력을 앞세운 중국의 촉수는 전 세계에 걸쳐 있다. 오죽하면 아프리카가 '차이나프리카ChinaAfrica'로 불릴 정도이겠는가. 르몽드의 서아프리카 특파원인 세르주 미셸과 미셸 뵈레 기자가 쓴 《차이나프리카》는 아프리카 곳곳에 파고 들어가 있는 중국의 위상을 보여준다. 이들이 만난 기니 광업부 장관의 발언은 아프리카에 깊게 뿌리를 내린

57 waral.com(2018.11.18.), 'The World, Built by China'

중국의 모습을 증언해준다.

중국인들이죠! 중국인들만이 유일하게 우리에게 광산, 댐, 수력발전소, 철도, 제련소를 묶어서 패키지로 제안했어요. 중국수출입은행에서 모든 자금을 대고 산화알루미늄으로 상환하기로 했지요. 우리 정부에 자금 부담은 전혀 없고 오히려 세금을 거둬들이고 일자리와 인프라, 에너지를 창출할 수 있게 되었습니다"[58]

2018년 기준 중국의 연간 해외투자금액은 전 세계 해외투자금액의 14.1%를 차지해 세계 2위 수준에 올랐다. 지난 2002년의 26위에서 빠르게 순위가 상승했다. 1위는 일본이다. 중국은 2018년 말 현재 188개국에 42,872개의 해외투자기업을 설립해놓고 있다. 주 투자 분야는 에너지, 자원이며 최근에는 해외기술, 경영 노하우 등을 획득하기 위한 투자가 늘어나고 있다. 2014년부터 유럽이 최대 투자처가 되고 있는데 독일 다임러, 스웨덴 볼보트럭, 영국 HSBC 핀란드 슈퍼셀 등 많은 기업에 중국 돈이 들어가 있는 상태이다. 이렇게 중국 돈이 밀려 들어오자 미국과 유럽 국가 등은 경제 안보 차원에서 '중국 투자 경계령'을 발동해 검열을 강화하기에 이르렀다. 특히 미국은 외국인투자심의위원회CFIUS를 통해 기술탈취가 의심되는 대미 투자에 대해 불허 조치를 취해왔

58 세르주 미셸·미셸 뵈레(2008), 이희정 옮김, 《차이나프리카》, 에코

다. 2018년 중국 화웨이와 오랜 기간 협력해온 싱가포르의 브로드컴의 반도체 기업 퀄컴 인수를 허가하지 않은 게 대표적 사례이다.[59]

"지금의 중국은 1980년대의 일본"

그러면 중국은 미국 경제에 어느 정도로 위협적인 위치까지 근접했을까? 미국이 플라자합의로 일본의 기세를 꺾었던 1985년 당시 일본의 명목 GDP는 미국의 32% 수준이었다. 이 비율은 1995년에 71.3%까지 상승한 후 내림세로 돌아섰다. 현재 일본의 경제 규모는 미국의 4분의 1 수준에 불과하다. 미국의 공세에도 불구하고 10년 정도는 경쟁력으로 버티다가 경제가 활력을 잃으면서 미국의 상대가 되지 않는 수준으로 밀려난 셈이다. 중국의 경우는 금융위기가 일어난 2008년에 GDP가 미국의 31% 수준에 그쳤다. 이 비율이 2019년에는 66%로 배 이상 수준으로 상승했다. 미국의 GDP는 21조 4,280억 달러, 중국은 14조 1,400억 달러로 격차도 7조 3천억 달러로 줄어들었다. 가장 격차가 컸을 때가 2006년의 11조 달러였으니 4조 달러 가까이 격차가 축소됐다. 일본의 GDP가 미국에 71%까지 따라붙었다가 미국의 공세로 내리막길로 접어들었는데 중국의 대미 GDP 비율이 이 경계선에

59 국제무역연구원(2019), '세계로 뻗는 차이나 머니, 도전과 기회', 한국무역협회

근접한 것이다. 이 수치로도 미국이 중국에 대해 공세의 수위를 높이는 이유를 알 수 있다. 격차가 위험 수위에 다다른 만큼 더 좁혀지는 것을 용납하지 않겠다는 것이다. 게다가 1980년대 후반 이후 중국의 국방비 증가율이 매년 두 자릿수에 달하면서 2040년을 전후해서 중국의 국방비가 미국을 넘어설 것으로 예상되고 있다.[60] 폴 케네디가 얘기했듯이 경제력의 급상승에 이은 군사력의 추격이 가시권에 들어온 셈이다. 이런 상황에서 중국이 '일대일로' 참여국을 늘려나가고, '제조 2025'를 통해 건국 100주년인 2049년까지 첨단 제조업 강국이 되겠다며 '중국몽'의 깃발을 들자 미국이 '중국 경보'를 강력하게 발동한 것이다.

중국이 이미 미국을 추월한 부분도 적지 않다. 중국은 현재 제조업에서는 미국을 제치고 최대 강국 자리에 올라있다. GDP 규모도 기준을 바꾸면 상황이 달라진다. 현재 각국이 발표하는 명목 GDP는 각국 상품 및 서비스의 물가에 생산량을 곱한 다음 이를 모두 합해 구한다. 예컨대 같은 맥도날드 햄버거라도 나라마다 가격이 다른 데 그 다른 가격이 나라별 GDP를 구하는 데 쓰이고 있다. 같은 상품인데도 다른 가격을 쓰다 보니 정확한 비교가 어렵다는 문제가 생긴다. 물가가 비싸면 그 나라 통화의 구매력이 약해 좋지 않은 것인데도 명목 GDP는 비싼 가격 때문에 더 크게 보이는 모순이 생기는 것이다. 그래서 각 나라 통화

60 국립외교원 외교안보연구소 중국연구센터(2019.2.), '2018 중국정세보고'

의 구매력을 감안해 모든 나라의 같은 상품에 같은 가격을 적용하는 방식을 쓰기도 한다. 이게 이른바 구매력PPP 기준 GDP이다. 이 기준을 쓰면 통화가치가 낮은 나라는 통화의 구매력이 약하니 GDP가 명목치보다 감소하고 통화가치가 높은 나라는 GDP가 그 구매력이 큰 만큼 늘어난다. 구매력 기준 GDP를 써서 보면 물가수준이 상대적으로 낮은 중국은 이미 2014년부터 미국을 추월했다, 2018년 기준으로 보면 중국의 GDP가 25조 3천억 달러로 평가돼 세계 1위이고, 미국은 20조 5천억 달러로 3위로 밀렸다. 2위는 EU(22조 달러)이다. 구매력을 감안한 중국의 GDP는 미국보다 5조 달러 가까이 많다.[61] 구매력 기준으로 미래의 GDP를 예측해 보면 미국의 상황은 점점 더 나빠진다. 영국 스탠다드 차터드가 전망한 2030년 구매력 기준 GDP를 보면 여전히 중국이 1위로 규모는 64조 2천억 달러에 이를 전망이다. 미국은 31조 달러로 3위로 밀리고 2위는 46조 3천억 달러인 인도이다. 미국은 인도에도 밀리고 중국과의 격차는 무려 33조 달러로 크게 벌어지게 된다. 4차산업혁명에서도 중국은 강세이다. 미국과 중국이 글로벌 디지털 산업을 과점하고 있는 가운데 중국은 인공지능 분야의 세계 1위이다. 중국 기업들은 2018년에 세계 지적 재산권 기구에 등록된 608개의 인공지능 특허 가운데 473개를 출원했다. 중국은 또 재생에너지 분야에서 세계 정상에 올랐고, 세계 전기차의 절반 이상이 중국에서 판매되는 등 강세를 보이고

61 the balance(2019.11.4.), 'Largest Economies in the World'

있다.[62]

미·중 관계에서 흥미로운 부문 중의 하나는 바로 미국 국채와 관련이 있다. 그동안 미국 정부가 빚을 내기 위해 발행한 국채를 가장 많이 가지고 있는 나라는 중국이었다. 예컨대 2019년 4월 말 현재 중국은 미국 국채의 17.3%인 1조 1,130억 달러의 국채를 보유하고 있었다. 2위는 일본(1조 640억 달러, 16.5%)이고 우리나라는 1,151억 달러(1.8%)의 미국 국채를 가지고 있었다. 그런데 미·중 마찰 국면 속에서 일본이 미국 정부의 속내를 알아차린 듯 미국 국채 보유를 늘려 1위는 일본, 2위는 중국으로 순위가 바뀌었다. 2020년 3월을 기준으로 보면 일본은 1조 2,717억 달러의 미국 국채(18.67%)를 보유해 중국(1조 816억 달러, 15.88%)을 앞서고 있다. 어쨌든 중국은 미국과의 무역에서 벌어들인 대규모 흑자로 미국 정부에 다시 돈을 빌려주고 있는 셈이다. 미·중 긴장이 고조되면서 중국이 맞보복 조치로 미국의 국채를 대량으로 내다 팔 수도 있다는 우려가 미국 측에서 제기되곤 했다. 하지만 이는 현실화하기 어려운 선택지이다. 물론 중국이 미국 국채를 투매하면 국채가격이 폭락하는 등 미국 금융시장이 큰 혼란에 빠질 수 있고 이는 미국 경제에 타격을 줄 것이다. 문제는 이런 상황이 펼쳐지면 국채가격 폭락으로 중국도 팔지 않고 남겨둔 미국 국채가치가 곤두

62 World Economic Forum(2019.6.24.), 'China by Numbers: 10 facts to help you understand the superpower today'

박질해 큰 평가손실을 입게 된다. 무엇보다도 이 정도 상황은 미·중 양국이 경제 전면전을 벌이는 것을 의미하는 것이어서 중국으로서는 '칼집의 칼'로 가지고 있을 수는 있어도 쉽게 꺼낼 수 있는 카드는 되지 못한다.

미국의 만성적 경상 적자는 중국 탓?

지금부터는 미·중 무역마찰의 표면적 원인이 된 양국 간 교역 상황을 살펴보자. 2017년 기준으로 볼 때 세계 최대 수출국은 중국(2조 2,630억 달러)이고 2위 국가는 미국(1조 5,470억 달러)이다. 수출 의존도(GDP 대비 수출액의 비율)는 중국이 20.04%로 미국의 12.6%보다 높다. 그만큼 중국경제에서 수출이 차지하는 비중이 높은 것이다. 수입의 경우는 미국이 1위로 세계에서 가장 많은 2조 4,090억 달러의 상품을 해외에서 사들인다. 중국은 미국에 이어 2위이다. 잘 알려진 대로 이번 미·중 무역마찰의 표면적 이유는 미국의 대규모 대중 무역적자이다. 2018년에 미국은 중국으로부터의 수입이 5,395억 달러에 달한 데 비해 대중 수출은 1,203억 달러에 그쳤다. 수출이 수입의 22% 정도에 그친 결과 사상 최대 규모인 4,192억 달러의 적자가 중국과의 무역에서 났다. 2018년에 미국은 전체 무역적자 규모가 역사 사상 최대치인 8,910억 달러에 달했는데 이 중 절반가량이 중국에서 발생한 것이다. 더 심각한 사실은 시간이 흐를수록 대중 무역적자 폭이 눈덩이 불어나

듯 증가해 왔다는 점이다. 미국의 대중 무역적자는 지난 2009년의 2,270억 달러에서 2012년에 3,150억 달러로 늘어나 3천억 달러 선을 넘어선 이후 2018년에는 처음으로 4천억 달러 선으로 증가했다. 트럼프 행정부는 미국이 중국과의 무역에서 대규모 적자를 내는 이유는 중국의 불공정한 무역 관행 때문이라고 비난하고 있다. 중국이 미국에서 저가로 덤핑을 하거나 환율을 유리하게 조작해 수출을 늘리면서 미국 상품은 잘 사주지 않고 있다고 주장하고 있다. 하지만 미국의 무역적자는 하루 이틀의 일이 아니다. 만성적인 적자 구조에서 벗어나지 못하고 있다. 본질적인 이유는 미국의 저축 부족이다. 높은 소비 탓에 투자보다 저축이 부족해 그만큼 수출보다 수입이 큰 무역적자 구조를 지속하고 있다. 저축과 투자의 불균형 문제가 개선되지 않는 한 대규모 무역적자라는 미국 경제의 만성적인 질병은 계속될 수밖에 없다.

그렇다고 현재 전반적 국력에서 미국이 중국에 열세인 것은 아니다. 아직은 경제 규모나 군사력에서 상당한 우위를 유지하고 있다. 총체적인 경제력을 비교해 볼 수 있는 기준은 매년 세계경제포럼WEF에서 발표하는 국가경쟁력 평가이다. 2019년 평가 결과를 보면 미국은 2위, 중국은 28위(한국은 13위)이다. 세부 내용을 살펴보면, 대부분 항목에서 미국이 압도적 우위이다. 미국은 특히 금융 시스템, 기업가적 문화, 다양성, 연구개발 등 분야에서 세계 1위~3위에 올라있다. 미국이 중국에 뒤지는 부문은 시장 규모와 치안 정도이다. WEF는 앞에서 설명한 구매력 기준으로 각국의 시장 규모를 산출하고 있다. 미국에 뒤처져 있기는 하지만 중국이 강세인 분야는 공공부문의 성과와 수송 인프라, 혁신 능력 등이다. WEF 평가에서 나타난 중국경제의 취약점은 사회적 자본, 언론 자유 등 견제와 균형, 감사와 회계 표준을 포함한 기업지배구조, 은행의 건전성 등 안정성이다. 이 부문에서 낙제점을 받았다. 하드 파워만 강하지 소프트 파워는 부실한 중국경제의 약점이 그대로 드러나고 있다.

미국의 두 날개: 달러화와 셰일

이 같은 요인 외에도 국가 경제의 힘을 좌우하는 가장 결정적인 요인 중의 하나는 바로 그 나라 통화의 힘이다. 미국 달러화는 기본적으로 국제 금융거래와 결제의 중심이 되는 기축통화이다. 그동안 중국이 자국 통화인 위안화의 국제화를 위해 노력해왔지만, 위안화는 미국 달러화에 경쟁이 되지 못한다. 2019년 1분기 현재 세계 각국이 보유한 외환 중 미 달러화는 6조 7,400억 달러로 61.8%를 점유하고 있다. 위안화의 비중은 2%에도 미치지 못한다. 또 세계 외환시장 거래의 90%가 달러로 이뤄지고 있고, 석유 결제 통화도 미 달러화이다.[63] 돈은 실물 경제의 혈맥이다. 세계 경제의 패권을 장악해온 미국의 힘은 돈의 흐름을 좌우하

63 howmuch.net(2019.9.4.), 'The World's Top Reserve Currencies in 2019'

고 있는 데서 나온 것이다. 여기에다 최근 미국은 날개를 하나 더 달았다. 셰일 석유를 대량으로 생산하게 되면서 세계 최대 산유국의 지위에 올랐다. 산유국 하면 중동을 떠올리던 시대는 미국의 '셰일 혁명'으로 끝이 났다. 국가별로 세계 산유량 점유율(2018년 기준)을 보면 미국이 16.2%로 1위이고 이어서 사우디아라비아(13.0%), 러시아(21.1%)의 순이다. 중국은 4%에 그치고 있다. 미국은 석유를 자급자족하고도 남아 수출하는 나라가 된 데 비해 중국은 석유를 외국에서 수입할 수밖에 없다.

현재의 국력에서 미국이 우위인 것은 부인할 수 없다. 하지만 중국의 거센 추격으로 미국의 우위가 흔들리면서 미국이 '미래의 우세'를 장담할 수 없는 지경이 된 것이다. 두 나라의 한판 대결이 계속 이어질 수밖에 없는 이유이다.

미국의 창과 중국의 방패

중국을 비판적으로 보는 미국인의 비율이 2018년의 47%에서 2019년에 60%로 크게 상승한 반면 중국을 우호적으로 보는 미국인은 26%에 그쳤다. 미국인 24%는 중국을 가장 큰 위협으로 보고 있다. —퓨 리서치 센터

미국과 중국은 현재 글로벌 패권을 놓고 다툼을 벌이고 있다. 좀 더 정확하게 얘기하면 중국의 진군進軍을 막기 위해 미국이 강력한 방어전에 들어간 형국이다. 미국은 일차적으로는 대규모 대중 무역적자를 이유로 유례없는 고율 관세라는 창을 빼 들었다. 이어 통신장비 제조업체인 화웨이의 발목을 잡아두면서 중국의 미국 기술 절취, 미국 기업에 대한 기술이전 압박, 허술한 지적재산권 보호 등에 대해 거세게 문제를 제기하고 관련 제도와 관행의 개선을 요구하고 있다. 특히 중국의 사이버 기술 스파이 활동에 대해 미국은 더는 인내할 수 없다는 강경한 입장이다. 뉴스위크의 보도를 보면 중국의 스파이 활동으로 미국 기업들은 연간 3,000억 달러의 손실을 보고 있다. FBI는 중국이 미국의 군사 및 기업 비밀을 훔치기 위해 3만 명의 군인과 15만 명의 민간 전문가를 보유하고 있다고 주장하고 있다. 뉴스위크는 이와 관련해 '민주주의 방어 재단Foundation of Defense of Democracies'이 발표한 중국의 기술 스파이 활동 실태를 실었다.

> 수년 동안 중국 정부는 자국의 경제적 경쟁력과 전략적 지위를 강화하기 위해 사이버 스파이 활동과 다른 은밀한 활동에 관여해왔다. 중국은 세계적으로 일어난 지적 재산권 절도의 50~80%와 미국 내 사이버 스파이 활동의 90% 이상에 대한 책임이 있다.[64]

영국 왕립국제문제연구소 채텀하우스는 같은 맥락에서 미·중 무역마찰의 본질을 글로벌 기술 지배권을 둘러싼 경쟁으로 진단하고 있다.[65] 이에 따라 현재 진행 중인 무역분쟁에서 미·중 양국이 서로 체면을 유지하기 위한 정도의 합의를 하더라도 문제의 본질이 경제 및 기술 패권 경쟁인 만큼 분쟁은 계속될 것으로 전망하고 있다. 미국은 특히 대부분의 차세대 기술이 군사적으로 이용 가능해 기술 패권을 놓치면 군사적 우위도 무너질 것으로 보고 중국의 기술 추격을 막는 데 총력전을 기울이고 있다. 국립

---

64 Newsweek(2018.9.5.), 'China is Using Cyberespionage Against U.S. to Gain Military and Technology Advantages, Report Reveals'

65 Chatham House(2019.11.), 'US-China Strategic Competition:The Quest for Global Technological Leadership'

외교원 외교안보연구소도 미·중 무역분쟁은 결국 경제·기술 전쟁과 전략·군비 경쟁으로, 더 나아가 이념 경쟁으로까지 확산할 것으로 보는 시각이 우세하다고 지적하고 있다. 말 그대로 전면적인 힘겨루기인 것이다.

앞뒤 안 가리는 미국 vs 냉정한 중국

미국의 중국에 대한 극도의 경계심리는 무역 보복의 행태에서도 그대로 나타나고 있다. 중국제품에 대한 고율 관세부과가 이성을 잃은 수준이었다. 2017년에만 해도 중국제품에 대한 미국의 평균 관세율은 3.1%였다. 미국이 무역 보복을 시작하면서 2018년에는 12.4%로 올라간 데 이어 2019년에는 20% 수준을 넘어섰다. 짧은 시간에 '관세 폭탄'을 떨어뜨린 셈이다. 높은 관세를 물리는 중국제품 비중도 68%까지 올라갔다. 서로 무역 보복을 주고받으면 중국으로선 역부족일 수밖에 없다. 미국이 보복할 수 있는 중국 수출품이 연간 5,400억 달러에 이르는 데 비해 중국이 맞보복할 수 있는 미국 수출품은 22% 수준인 1,200억 달러여서 '화력'이 절대 열세이다. 이런 상황에서 미국은 관세율을 7배 수준으로 크게 올리고 중국 수출품 전체에 대해서 높은 관세율을 물리겠다고 위협하며 공세를 취해 온 것이다. 중국이 수세일 수밖에 없는 상황이다. 중국은 미국이 관세 공격을 하자 이에 맞대응하기 위해 미국 제품에 대한 관세율을 8%에서 20%대 초반으로 올렸다. 흥미로운 점은 미국이 중국산 제품 전체에 대해 관세를 올리겠다고 한 것과 대조적으로 중국은 항공기와 의약품 등 미국 제품에 대해서는 상당 부분 관세부과 대상에서 제외하는 '여유'를 보였다는 점이다. 미국이 앞뒤 안 가리고 관세전쟁에 뛰어들었다면 중국은 자국의 산업에 필수적인 품목은 빼는 전략적, 이성적 선택을 한 것이다.

그러면 미국의 파상적인 관세 공세는 효과가 있었을까? 미국의 무역적자는 개선됐을까? 2019년 상반기 중 미국의 '무역 성적표'가 보인 답은 '노'이다. 먼저 미국의 대중 무역적자. 지난해 상반기의 1,859억 달러에서 1,670억 달러로 189억 달러가 줄어들었다. 세상이 떠들썩하게 무역전쟁을 벌였지만 적자 폭이 10% 남짓 감소하는 데 그쳤다. 반면 미국의 전체 무역수지 사정은 오히려 악화했다. 2019년 상반기 중 적자 규모가 3,163억 달러로 일년 전보다 8% 가까이 확대됐다. 서비스를 빼고 상품 적자 규모만 보면 4,393억 달러에 이른다. 기업과 소비자들이 수입품을 더 구매한 탓이다. 고율 관세로 가격이 높아진 중국 상품 수입이 조금 줄긴 했지만 다른 나라 상품 수입이 더 늘어났다. 무역분쟁의 덕을 가장 많이 본 나라는 멕시코이다. 대미 수출이 늘어나 중국을 제치고 미국의 최대 교역국 자리에 올랐다. 한국과 베트남, 일본, 유럽도 대미 수출이 늘어나 무역분쟁의 반사 이익을 보았다. 앞에서도 강조했지만, 관세는 무역적자를 줄이는 데 한계가 있다. 해외 제품에 대한 높은 수요, 즉 저축 부족이라는 미국 경제의 구조적 문제가 개선되지 않는 한 무역적자 폭을 줄일 수 없는 미국 경제의 현주소를 상반기 무역 성적표가 그대로 보여주고 있다. 더구나 중국제품에 대한 높은 관세는 미국 기업과 소비자들에게 큰 부담을 주고 결과적으로 미 경제에 부정적 영향을 준다. 예건대 미국 기업들은 중국에서 연간 1,865억 달러에 이르는 컴퓨터와 전자제품, 그리고 886억 달러 규모의 전기 장비 및 기계를 수입하고 있다. 이들 제품에 대한 고율의 관세부과는 미국 기업의 원가를 높여 경쟁력 약화를 가져올 것이다. 또 미국에서 판매되는 신발의 69%는 중국산이고 의류 수입도 298억 달러에 이른다. 중국에서 수입되는 소비재에 대한 높은 관세부과는 이들 제품의 가격을 올림으로써 가계의 가처분 소득을 줄여 미국 경제의 성장 엔진인 소비에 찬물을 끼얹을 가능성이 있다. 트럼프가 함부로 쓰기 어려운 카드이다.

'환율조작'의 조작

미국은 무역전쟁에 이어 중국의 환율 운용에도 싸움을 걸었다. 미 재무부는 2019년 8월 위안화 가치가 달러당 7위안 밑으로 떨어지자 중국을 환율조작국으로 지정했다. 1994년 이후 처음 있는 일이다. 미국은 중국이 위안화 가치를 인위적으로 낮춰 수출 상품의 경쟁력을 높이고 있다고 비난했다. 하지만 중국을 환율조작국으로 지정한 것은 억지라는 지적이 대부분이다. 실제로는 최근 환율조작이 없었기 때문이다. 중국이 현재 환율을 운용하는 방식은 이런 식이다. 매일 아침 중국 외환 당국이 달러화에 대한 위안화 환율을 고시하고 시장 환율이 고시 환율을 기준으로 아래위 2% 안에서 움직이도록 하고 있다. 이와 관련해 IMF는 중국이 의도적으로 위안화 가치를 낮췄다는 아무런 증거도 없다고 밝혀 미 재무부의 주장을 무색하게 했다. 전문가들도 IMF와 비슷한 의견을 내놓고 있다. 그동안 위안화는 중국경제의 성장둔화에 따라 약세를 지속해왔다. 중국 외환 당국은 오히려 위안화 가치가 지나치게 떨어지는 것을 막기 위해 시장에 개입해왔다. 다시 말해, 달러를 팔아 위안화를 사들이는 개입을 해 위안화 가치를 지지해왔다. 이로 인해 2015년과 2016년, 2년 동안 중국이 쓴 보유 외환은 1조 달러에 이르는 것으로 추산되고 있다.[66] 위안화 가치가 달러당 7위안 밑으로 내려간 것은 중국이 더 이상의 개입이 어렵다고 보고 시장 압력을 수용한 데 따른 것이라는 분석이다. 미 재무부가 얘기한 것과는 정반대의 일이 일어난 것이다. 영국 퀸 메리 대학의 파올라 수바치 교수가 미국이 오히려 중국의 '환율조작을 조작'했다고 한 이유이다. 제프리 프랭켈 하버드 대학교수도 "중국이 환율조작을 했다는 것은 사실이 아니며 중국 당국이 시장의 압력에 굴복했다고 말하는 게 더 정확하다"고 평가했다.[67] 미국이 중국에 환율조작 시비를 건 것은 맥을 잘못 짚은 것이다.

66 Paola Subacci(2019.8.9.), 'Trump's Manipulation of Currency Manipulation', Project Syndicate
67 Jeffrey Frankel(2019.8.9.), 'The Currency Manipulation Game', Project Syndicate

실물 부문에서 미국은 관세 보복과 기술 유출규제와 함께 세계 생산기지로서 중국의 지위를 약화시키려는 전략을 쓰고 있다. 트럼프 대통령은 2019년 8월 미국 기업들이 중국에서 나와 미국 등 다른 지역에서 제품을 생산하도록 요구했다. 1990년~20017년의 기간 동안 미국 기업이 중국에 투자한 금액은 2,560억 달러에 이르는 것으로 로디엄그룹 연구소는 추산하고 있다. 이는 중국의 대미 투자금액 1,400억 달러보다 1,000억 달러 이상 많다.[68] 트럼프는 미국 기업의 대중 투자를 축소해 중국경제의 힘을 빼겠다는 의도를 드러냈다. 문제는 미 행정부가 미국 기업들이 중국을 떠나도록 강제할 수단이 있는가 하는 점이다. 몇 가지 방법이 있다. 먼저, 중국에서 생산되는 제품에 대해 고율 관세를 물리면 미국과 외국 기업들이 중국을 떠나도록 유도할 수 있다. 실제로 일본의 노무라가 집계한 것을 보면 미국의 높은 관세를 피하려고 80개에 가까운 기업들이 중국을 떠났는데 이들 기업이 가장 많이 옮겨간 국가는 베트남(26개)이며 대만과 태국 등 국가로도 적지 않은 기업들이 생산공장을 옮긴 것으로 나타났다.[69] 베트남 정부 통계에서도 이런 추세가 확연하게 드러나고 있는데 2019년 1~5월 중 베트남에 대한 외국인 투자는 일 년 전보다 무려 70%가 늘어나 2005년 이래 가장 높은 증가율을 기록했다.[70] 미국 정부가 기업들이 중국을 떠나도록 압박하는 방법은 국가긴급경제

68 Reuters(2019.8.24.), 'Explainer:What Could Trump Use to get U.S. Firms to Quit China?'
69 FOX Business(2019.9.5.), 'Trade war causing companies to flee China'
70 Yu Yongding(2019.7.4.), 'The Next Phase of Trump's Trade War with China', Project Syndicate

권법이나 적성국 교역법을 활용하는 것이다. 트럼프는 국가긴급경제권법에 따라 국가 비상사태를 선언해 미국 기업들이 중국제품을 구매하지 못하도록 규제할 수 있다. 이 경우 중국에 생산기지를 두고 있는 미국 기업들은 직격탄을 맞아 중국을 떠날 수밖에 없게 된다. 또 적성국 교역법은 미국과 전쟁 중인 국가에 무역을 제재하는 권한을 대통령에게 부여하는 데 이 방법을 쓸 경우 중국을 노골적으로 적으로 간주해 긴장이 최고조에 이를 것이기 때문에 발동은 어려울 것으로 관측되고 있다.

부정적 중국관은 미국 사회 전반의 분위기

이렇듯 18개월 동안 장군멍군 식으로 힘겨루기를 해온 미국과 중국은 서로 체면을 차리는 수준의 '1단계 합의'를 하며 휴전에 들어갔다. 미국은 1,200억 달러의 중국제품에 물리는 관세를 15%에서 7.5%로 낮추고 2019년 12월 15일에 추가로 중국제품에 대해 관세를 부과하려던 조치를 철회하기로 했다. 중국도 이에 화답해 예정된 관세부과 조치를 보류하고 향후 2년 동안 2,000억 달러 정도의 미국산 제품을 구매하기로 했다. 미·중 양국은 지적 재산권 보호, 외국 기업에 대한 중국의 기술이전 압박 중지, 미국 금융기관에 대한 중국 시장의 진입 장벽 완화 등에도 의견 차이를 좁혔다. 하지만 양국의 1단계 합의는 말 그대로 휴전이다. 무역전쟁이 시작된 18개월 전으로 돌아간 게 아니다. 일부 품목에 대한 관세 인하와 추가 관세부과의 보류에도 불구하고 현재 2,500억 달러의 중국산 제품에 적용되고 있는 25%의 관세에는 아무런 변화도 일어나지 않았다. 이에 따라 1단계 합의가 시행된다고 해도 중국산 수입품의 3분의 2에 대해 인상된 관세율이 적용되는 것은 이제 미·중 관계의 '뉴 노벌New Normal'이 됐다. 중국에 대한 관세율 수준이 무역전쟁이 시작되기 전의 3.0%에서 19.3%로 올라간 상태가 계속되는 것이다.[71] 여기에다 1단계 합의 대상에서 제외된 중국 정부의 국영기업에 대한 보조금 지급, 중국 정부의 자금 지원을 통한 미국 기업 인수 등 민감하고 까다로운 이슈가 양국의 추가 협상 테이블 위에 놓여 있다. 스티브 므누신 미 재무장관은 이와 관련해 "2단계 협상에서 중요한 이슈들에 대한 논의가 있을 것"이라면서 "2단계 협상은 '2단계 A', '2단계 B', '2단계 C'식으로 진행될 수 있다"고 밝혔다.[72] 그만큼 복잡한 협상이 될 것임을 시사한 발언이다. 이렇게 보면 1단계 합의는 미국 대선을 앞두고 확전을 피하기 위한 '임시 합의'의 성격이 강하다. 이에 따라 앞으로 추가 협상의 과정에서 미·중 마찰이 재연될 가능성은 여전히 존재한다. 실제로 맥킨지가 글로벌 기업의 임원들을 대상으로 실시한 설문조사 결과를 보면, 향후 12개월 동안 경제성장에 대한 잠재적 리스크로 제일 많이 꼽힌 것은 무역마찰이고 다음으로 지정학적 불안, 무역정책의 변화 등으로 순으로 나

---

71 Chad P. Bown(2019.12.19.), 'Phase One China Deal:Steep Tariffs Are the New Normal', PIIE
72 Reuters(2019.12.14.), 'Mnuchin says trade deal with China to boost global economy'

타났다.[73]

앞으로 미·중 간 마찰이 재연돼 상황이 악화될 경우 미국이 중국을 압박할 수 있는 또 하나의 영역은 금융이다. 미국은 금융 경쟁력이 중국보다 우위인 점을 고려해 미·중 분쟁의 전선을 월스트리트로 넓힐 수 있다는 관측이 제기되고 있다. 무엇보다 중국 기업들이 뉴욕증시 상장 등을 통해 거액의 자금을 조달하고 있는 만큼 중국에 타격을 주기 위해 중국 기업들이 미국 자본시장에 접근하는 것을 차단하자는 주장이 제기되고 있다. 미국 금융시장의 자금으로 중국 기업을 더 이상 도울 필요가 없다는 얘기다. 중국 기업에 대해 미국 금융시장을 '좁은 문'으로 만드는 것은 미·중 마찰이 무역 및 기술 전쟁보다는 훨씬 수위가 높은 분쟁 국면에 들어서는 것을 뜻한다. 그동안 밀접한 관련을 맺어 왔던 양국 경제를 사실상 떼어내는 '디커플링'의 강수여서 두 나라 모두 큰 피해를 감수해야 하는 싸움이다. 현재 중국인민은행을 포함한 중국 당국은 미국 시장에서 2천억 달러 규모의 주식을 소유하고 있는 것으로 추산되고 있다.[74] 미국이 중국에 대해 금융시장의 문을 좁히거나 닫으면 중국은 이들 주식을 대규모로 시장에 내다 파는 보복을 할 수 있다. 여기에다 중국이 보유 중인 미국 국채의 매각에도 나설 수 있다. 이 경우 주가 및 채권

73 McKinsey & Company(2019.12.), 'Economic Conditions Snapshot, December 2019:McKinsey Global Survey Results'
74 New York Times(2019.5.28.), 'The Trade War's Next Battle Could Be China's Access to Wall Street'

가격 폭락으로 미국 금융시장이 큰 혼란에 빠지고, 실물 경제에도 큰 부정적 파급효과가 예상된다. 미국만 피해를 보는 것은 아니다. 중국 또한 주식 및 채권 가격 폭락으로 큰 투자 손실을 볼 수 있다. 이렇게 볼 때 뉴욕에서의 미·중 금융대결은 상상은 해볼 수 있어도 실현 가능성은 크지 않다고 할 수 있다. 오히려 미국으로서는 싸움의 무대를 중국으로 옮기기 위해 중국 금융시장에 대한 개방 압력의 공세를 더욱 강화할 공산이 크다. 중국 금융시장의 빗장이 열리면 대규모로 자금을 넣었다가 여차하면 자금을 빼내면서 중국경제를 위기로 몰아가는 카드를 손에 쥘 수 있기 때문이다. 영화 '국가부도'에서 묘사된 것처럼 음모론적 관점에서 보자면 미국의 신호로 국제 자금이 썰물 빠지듯 빠지면서 발생한 게 한국을 비롯한 동아시아의 외환위기이다. 미국은 중국에 대해서도 이런 시나리오를 충분히 그릴 수 있다. 중국은 미국의 이런 의도를 충분히 간파하고 있기 때문에 최대한 방어해내려 할 것이다. 창과 방패의 대결이다. 또 금융 부문에서 미국이 가지고 있는 강력한 제재 수단은 국제은행 간 통신 협정SWIFT과 미국의 도매 결제 시스템CHIPS이다. SWIFT는 각국 은행들이 컴퓨터 네트워크를 구성해 서로 지급과 송금 등 업무를 처리하기 위해 운영하는 데이터 교환 시스템이다. CHIPS는 뉴욕 어음교환소가 운영하는 민간 결제 시스템으로 국제 결제 등 서비스를 제공하고 있다. 미국이 이 두 금융 인프라에 대한 중국 금융기관의 접근을 제한할 경우 중국은 속수무책으로 대외 금융거래 기능이 마비되는 사태를 맞을 수 있다.

지금까지 살펴본 것처럼 미·중 간 분쟁에서 미국은 관세부과에서부터 기술 규제, 금융제재, 기업의 탈중국 압박 등 쓸 수 있는 수단이 많다. 이에 비해 중국은 미국의 조치에 맞대응하는 정도의 수세적 처지에 놓여 있다. 보유한 미 국채나 주식을 매각하는 방법이 있긴 하지만 이는 파국으로 가는 길을 먼저 여는 것이어서 '선제공격'의 카드로 쓰기가 어렵다. 생각해 볼 수 있는 것은 희토류 수출을 무기로 쓰는 것이다. 이 또한 얼마나 효과적일지는 불투명하다. 2010년에 일본에 대해 희토류 수출을 제한했지만, 결과가 그리 좋지 못했기 때문이다. 당시 일본은 다른 공급원을 찾거나 대체 원료의 국산화에 성공했고, WTO 분쟁에서도 중국에 승소했다. 큰 타격을 주지도 못하고 체면만 구긴 사례여서 중국의 강력한 공격 수단이라고는 볼 수 없는 측면이 있다. 트럼프와 맞서고 있는 시진핑의 고민이 여기에 있는 것이다.

그렇다면 2020년 11월로 예정된 미국 대선 결과는 미·중 패권 경쟁에 어떤 영향을 미칠까? 트럼프가 재선될 경우 중국에 대한 공세는 더욱 거세질 것으로 전망된다. 되풀이해서 강조했듯이 미국의 목표는 중국의 추격을 저지하고 중국을 주저앉혀 글로벌 패권을 안정적으로 지키는 것이기 때문이다. 만약 미국 민주당 후보가 백악관의 새 주인이 된다면 어떤 일이 일어날까? 답은 정도의 차이는 있을지 몰라도 대중국 정책의 기조에는 큰 변화가 없을 것이라는 데 있다. 중국의 부상을 미국의 가장 큰 위협으로 보는 시각에는 공화당과 민주당에 큰 차이가 없다. 특히 미국 국민 전반이 이런 인식을 공유하고 있다. 퓨 리서치 센터Pew Research Center의 여론조사 결과는 이를 잘 보여주고 있다. 중국을 비판적으로 보는 미국인의 비율이 2018년의 47%에서 2019년에 60%로 크게 상승한 데 비해 중국을 우호적으로 보는 미국인은 26%에 그쳤다. 특히 미국인 24%는 중국을 가장 큰 위협으로 보고 있다. 이 비율은 러시아와 동일한 수준이다.[75]

75 FACTTANK(2019.12.13.), '19 striking findings from 2019', Pew Research Center

중국은 G1이 될 수 있을까

미국이 민주 정부를 유지하고 중국이 독재를 고집하는 한 중국은 (미국을) 따라잡을 수 없을 것이다. — 제레드 다이아몬드

중국은 미국 경제를 따라잡을 수 있을까? 구매력 기준으로는 중국경제가 이미 미국 경제를 추월했다. 중국이 현재와 같이 미국보다 빠른 속도로 경제 성장을 해나가면 명목치 기준으로도 미국 경제를 잡는 것은 시간문제로 보이기도 한다. 따라서 중국이 언제 미국 경제를 제치게 될까 묻는 것이 현실적인 질문일 수도 있다.

하지만 이 문제를 좀 더 들여다보면 명확한 답을 하는 게 그리 쉽지 않음을 알 수 있다. 이와 관련해 미국의 대표적 연구기관인 기업연구소AEI:American Enterprise Institute가 흥미로운 보고서를 내놓

았다.[76] 이 보고서는 먼저 구매력 기준으로 중국이 이미 세계 최대 경제 대국이 됐다는 분석에 이의를 제기하고 있다. 세계적으로 한 상품의 가격을 동일하게 잡는 가정 자체가 잘못됐다는 것이다. 이는 미국이 그만큼 현실을 인정하고 싶지 않아 한다는 것을 말해줄 뿐 큰 의미는 없다. 나반 실제 현실은 구매력이 아니라 명목치 숫자에 의해 움직이므로 미국과 중국의 경제 규모는 아직 30% 이상의 격차가 있다고 보는 게 맞다. AEI의 보고서는 또 중국 정부가 통계를 조작한다는 의혹이 있는 만큼 그 통계를 기준으로 중국경제가 멀지 않아 미국 경제를 추월할 것이라고 얘기하는 것은 설득력이 없다고 주장하고 있다. 실제로 중국의 통계는 많은 조작 의혹이 제기되고 있다. 하지만 지금으로선 사실로 확인된 게 없는 만큼 현재 공표된 통계로 기준으로 논의를 진행하는 것은 어쩔 수 없는 일인 듯하다. 또 일부 조작이 있더라도 추세적으로 중국이 빠른 속도로 성장하면서 미국과의 거리를 좁혀가고 있다는 점은 부인할 수 없다.

이제 본질적인 논의를 해보자. 중국경제가 명목치 기준으로 미국 경제를 추월하는 시점은 언제일까? 2018년 기준 중국의 GDP는 90조 위안을 조금 웃돈다. 달러 기준으로는 13조 3천억 달러이다. 2018년 환율인 달러당 6.88 위안을 적용한 수치이다. 앞에서 얘기한 대로 미국과는 7조 달러 이상의 격차가 있다.

---

76 AEI(2019.3.), 'US-China: Who is Bigger and When'

중국이 미국 경제를 따라잡는 시기를 결정하는 요인은 중국경제의 성장 속도(명목 기준)와 환율이다. 환율은 위안화로 표시된 중국 GDP를 달러화로 환산하게 해주는 변수이고 명목 성장률은 중국경제가 미국을 추격하는 속도이다. 앞으로 중국경제의 성장 시나리오는 어떻게 될까? 2012~2018년의 기간 중 미국의 평균 명목 성장률은 4.1%, 중국은 9.3%였다. 양국이 이 정도의 성장을 계속해나간다고 가정할 경우 중국이 미국을 추월하는 시기는 환율 수준에 따라 2028~2031년이다. 길어야 10년 정도밖에 남지 않았다. 하지만 중국이 과거의 속도로 계속 경제 성장을 해나간다는 것은 현실적 가정이 아니다. 미·중 무역마찰이 심화하면서 성장률이 꺾이고 있는 데다 고령화, 부채 문제 등 중국경제의 진로를 제약하는 걸림돌이 있기 때문이다. 이를 감안해 성장률 전망치를 7.9%(실질 성장률은 5%대)로 낮춰 잡으면 중국이 미국을 앞서는 시기는 2031~2035년으로 더 늦어질 전망이다. 여기에서 중요한 변수는 중국이 미국을 따라잡을 때까지 계속 명목 7%, 실질 5%대의 성장을 할 수 있을까 하는 점이다. 미국의 견제가 갈수록 심해질 것으로 보이는 상황에서 기업부채 등 경제 내부적인 문제가 곪아 터지면 성장률이 더 하락할 가능성이 있다. 이에 따라 중국경제의 성장 속도를 5.3%로 더 하향 조정하면 미국 경제가 중국경제에 잡히는 시기는 2054~2062년으로 크게 늦어지는 것으로 나온다. 3, 40년 후의 일이 되는 것이다.

〈표1〉 중국경제의 미국 경제 추월 시기

명목 중국경제성장률	9.3%	7.9%	5.3%
달러당 6.88위안	2028년	2031년	2054년
달러당 6.0 위안	2025년	2027년	2046년
달러당 7.9 위안	2031년	2035년	2062년

주) 미 경제, 2012년~2017년 평균 성장률 유지 (자료: AEI)

'인구오너스'에 발목 잡힌 중국경제

AEI의 이 같은 시나리오 분석은 미국의 대중 전략에 대해 무엇을 시사해주는 것일까. 미국은 무역 보복, 기술 전쟁 등 다양한 수단을 동원해 중국의 성장률을 낮추는데 총력전을 기울일 것으로 보인다. 최대한 중국경제의 '진격' 속도를 늦춰 시간을 벌려고 할 것이다. 미국이 중국 견제의 고삐를 바짝 죄는 가운데 중국경제가 안고 있는 '아킬레스건'도 중국의 발목을 잡을 가능성이 있다. 빠른 속도로 진행되고 있는 고령화와 저출산, 그리고 부채 문제가 바로 그것이다. 먼저 고령화 문제. 우리나라도 마찬가지지만 중국의 고령화 속도도 우려할만한 수준이다. 총인구 중 65세 이상 인구 비중이 2018년의 12%에서 2050년에는 33%로 상승할 전망이다. 전체 인구 가운데 중간 나이인 중위 연령도 2050년에는 56세로 상승해 미국의 44세를 크게 웃돌아 경제 활력이 위축

될 것으로 보인다.[77] 여기에다 과거에 실시한 '한 자녀 정책의 여진' 탓에 출산율이 크게 떨어져 중국의 총인구는 2029년에 14억 4천만 명으로 정점을 찍은 후 계속 줄어들 것으로 중국사회과학원이 예상하고 있다.[78] 그동안 누려온 '인구보너스'가 사라지고 인구 감소가 경제 성장을 지체시키는 '인구오너스'의 시대로 들어서게 되는 것이다. 금융위기 이후 많이 풀린 돈 때문에 크게 불어난 부채도 중국경제의 골칫거리이다. 국제결제은행BIS은 중국의 부채 총액이 GDP의 255.7%에 이르고 이 중 기업부채 비율은 미국이나 일본보다 높은 160.3%를 기록했다고 밝혔다. 부채 규모도 규모지만 빚이 늘어나는 속도가 너무 빨랐고 특히 수익을 내지 못하는 '좀비' 국영기업의 부채가 중국경제에 '뜨거운 감자'인 것으로 지적되고 있다.[79] 물론 중국이 대규모 보유 외환을 가지고 있고 국영기업의 부채가 많아 부채 이슈가 심각한 금융위기를 가져올 가능성은 크지 않다는 게 전문가들의 분석이다. 하지만 더 이상 빚으로 경기를 부추기는 게 어려워진 상황에서 부실채권이 늘어나면 가뜩이나 감속 중인 중국경제의 성장 속도를 더 늦추는 요인으로 작용할 수 있다. 이밖에 중국의 국가자본주의 체제가 안고 있는 본질적 한계를 지적하는 목소리도 있다. 제레드 다이아몬드는《대변동》에서 중국의 비민주적인 독재체제가 빠른 의사 결정과 실행의 이점을 가지고 있지만 "미국이 민주 정부를 유

---

77 inkstone(2019.3.29.), 'An aging China will never overtake the US economy'
78 Time(2019.2.7.), 'China's aging population Is a Major Threat to Its Future'
79 ABC(2019.1.20.), 'China's looming great wall of debt may have 'major global implications'

지하고 중국이 독재를 고집하는 한 중국은 (미국을) 따라잡을 수 없을 것"이라고 단언한다.[80] '핵심 가치의 유연성'이 진정한 강국이 되는 요소인데 중국은 이 점을 결여하고 있다는 진단이다.

지금까지의 얘기를 종합해보면, 중국이 미국을 추월하는 시기는 미국의 끈질긴 견제와 중국 내부의 구조적 문제로 생각보다 더 늦어질 가능성이 있다. 여기에서 한 가지 더 짚어볼 문제는 설사 경제 규모에서 미국을 추월한다고 해도 중국이 명실상부한 세계의 정상 국가, 즉 G1이 될 수 있을 것인가 하는 점이다. 미국이 현재 G1인 것은 경제의 덩치가 크기 때문인 것만은 아니다. 트럼프가 다소 망쳐놓기는 했지만, 민주적 가치 등을 존중하는 리더십인 소프트 파워를 미국은 가지고 있다. 다이아몬드가 언급한 핵심적 가치의 유연성과 맥락이 같은 얘기이다. 어느 국가든 하드 파워와 소프트 파워가 조화를 이룰 때 글로벌 1위 국가로서 리더십을 인정받을 수 있는 것이다. 그래서 보다 근본적인 질문은 중국이 이런 변화를 이뤄낼 수 있을 것인가이다. 중국은 소프트 파워를 갖추지 못하면 글로벌 무대에서 리더십을 인정받지 못하는 '덩치만 큰 나라'에 머물 수 있다.

80 제레드 다이아몬드(2019), 강주헌 옮김, 《대변동:위기, 선택, 변화》, 김영사

요동칠 세계 경제 판도

세계 각국이 '쇠사슬로 함께 묶인 글로벌화chained globalization**' 상태에 있기때문에 여기에서 벗어나는 디커플링을 하기는 너무 늦었다.**

—포린어페어스

15세기에 유럽의 인구는 5천만 명 정도였다. 이 당시 중국은 명 제국 시절이었다. 인구는 1억 3천만 명. 명 제국은 정화 제독이 일곱 차례에 걸쳐 바닷길로 장거리 해외 원정을 하게 했다. 수백 척의 배에 수만 명의 선원을 태운 함대는 인도양을 거쳐 아프리카까지 진출했다. 해당 지역의 산물을 가져오고 아프리카 종족의 추장을 중국으로 강제로 데려오기도 했다. 하지만 1433년 원정을 마지막으로 중국의 해외 원정은 막을 내렸다. 아예 두 개 이상의 돛을 가진 배는 없애라는 명령까지 떨어진다. 북방 몽골족의 압력 때문에 바다 밖 바깥을 볼 여유가 없어진 데다 보수적 유교 관리들이 해외로의 팽창을 못마땅하게 여겼기 때문이다. 이

때 중국의 팽창 정책이 계속됐다면 일찌감치 경쟁국과의 패권 경쟁을 경험했을 것이다.

6백 년 가까이 지난 지금. 중국은 때를 기다리며 실력을 키우는 도광양회韜光養晦의 베일을 걷어내고 기술 강국을 지향하는 '중국몽'을 꿈꾸다 미국의 강력한 반격에 직면하고 있다. 글로벌 패권을 둘러싼 미·중 간의 힘겨루기는 앞으로 오랜 기간 세계 경제의 불안 요인이 될 것이다. 투키디데스가 지적했듯이 선두를 쫓아가는 나라보다 쫓기는 나라의 두려움이 더 크다. 극도로 민감해진 미국은 중국에 강공을 펼쳐나갈 것이다. 포퓰리즘을 앞세운 트럼프가 11월 대선에서 재선된다면 그 공세의 수위는 더 높아질 것으로 보인다. 헌팅턴, 앨리슨, 루비니의 경고처럼 미국과 중국이 군사적으로 충돌하는 시나리오도 현실화할 가능성이 있다. 시진핑이 대장정의 출발지에 들려 결의를 다졌듯 중국은 미국의 보복 조치에 절치부심하고 있다. 무엇보다 미국이 주도하는 글로벌 공급 체인에 대한 의존도를 줄이기 위해 인재와 자원을 총동원하고 있다. 미국에 의존하고 있는 핵심 기술과 부품을 생각보다 빨리 국산화할 것이라는 관측도 제기되고 있다. 중국을 2위에 묶어두기 위해 미국에서 중국으로 가는 부품과 기술의 흐름을 최대한 억제하려는 미국. 이번 기회에 미국에 대한 의존도를 낮추자고 작정하고 나선 중국. 두 나라의 '강 대 강' 대결은 세계 경제 판도에 어떤 변화를 가져올 것인가.

'디커플링', 가능 vs 불가능

크게 두 가지의 시선이 존재한다. 미·중 대결이 과거의 미·소 대결과 유사한 '냉전 2.0'의 성격이 강한 만큼 미국과 중국이 결별해 각각의 블록을 만드는 '디커플링'이 이뤄질 것으로 보는 의견이 있다. 반면 두 나라 경제가 워낙 밀접하게 얽혀있어 디커플링은 불가능하다는 반론도 있다. 디커플링 시나리오의 근거는 이렇다. 이번 마찰을 통해 미국은 중국에 기술과 소프트웨어는 더 이상 무역의 대상이 아니라 패권의 문제라는 메시지를 분명히 줬다는 것이다. 이런 관점에서 미국은 국가안보에 민감한 부문에 대한 중국의 투자를 크게 제한하고 있고, 인공지능과 5G 등 전략적으로 중요도가 높은 산업에서는 미국의 우위를 지키기 위해 총력전을 펼칠 것이다. 이 때문에 중국은 앞으로 필요한 기술과 부품 등을 국내에서 개발하거나 다른 안전한 국가에서 확보하는 식으로 미국 주도의 공급체인망에서 빠져나오려 할 것이다. 기술주권을 다지는 게 국가 경제의 안위安危를 좌우하는 핵심 변수가 됐기 때문이다. 디커플링이 가시화되면 세계 경제는 심각한 상황에 직면할 것으로 우려된다. 세계무역기구 WTO 체제 출범 이후 미국 주도의 단일 시장을 유지해왔던 세계 경제가 '미국 블록'과 '중국 블록' 두 개로 갈라져서이다. 이렇게 되면 다른 나라들은 미국과 중국 중 한 나라를 선택해야 하는 어려운 처지에 몰리게 될 것으로 보인다.[81, 82] 한국과 독일 같이 중국 수출에 대한 의존도가 높은 나라는 경제의 기본 틀을 전면적으로 재검토해야 하는 위기를 맞게 될 것으로 우려된다. 한쪽을 선택하면 다른 한쪽의 수출시장이 크게 축소되는 게 불가피할 것이다. 디커플링이 현실적으로 불가능하다는 반론도 있다. 미국과 중국은 물론 세계 각국이 글로벌 공급체인 안에서 부품과 제품을 사고팔며 밀접하게 얽혀있어서이다. IMF는 지난 1993년부터 2013년까지 20년 동안 국제 무역 증가량의 73%는 글로벌 공급체인 내 거래라고 분석했다.[83] 포린어페어스도 세계 각국이 '쇠사슬로 함께 묶인 글로벌화chained globalization' 상태에 있기때문에 여기에서 벗어나는 디커플링을 하기는 너무 늦었다고 진단하고 있다. 대표적인 예가 2018년 4월 미국 재무부가 러시아의 재벌 올레크 데리파스카와 그의 알루미늄 기업을 제재하려다 실패한 일이다. 미국 정부는 국내 자동차와 항공기 산업의 공급 체인이 데리파스카가 소유한 기업에 크게 의존하고 있는 것을 파악하고 결국 제재를 포기했다. 포린어페어스는 세계 각국이 금융 시스템과 제조업 공급체인, 그리고 정보 네트워크에서 밀접하게 맞물려 있어 글로벌화 이전의 상태로 돌아가는 것은 불가능하다고 주장하고 있다.[84] 각국이 서로 공급 체인으로 맞물려 있는데 미국 블록과 중국 블록

---

81 Joschka Fischer(2019.6.3.), 'The End of the World As We Know it', Project Syndicate
82 Nouriel Roubini(2019.5.20.), 'The Global Consequences of a Sino-American Cold War', Project Syndicate
83 Stephen Roach(2019.11.25.), 'After the US-CHINA Trade War', Project Syndicate
84 Henry Farrell·Abraham L. Newman(2020.1.), 'Chained to Globalization', Foreign Affairs

으로 두부모 자르듯이 이등분하는 것은 불가능하다는 얘기다. 어떤 의견이 정답일까. 후자의 견해가 설득력이 있어 보인다. 세계 각국이 과거의 미·소 냉전처럼 두 진영으로 갈라지는 것은 현실적으로 가능하지 않다는 생각이다. 그러나 우리나라가 일본으로부터 무역 보복 조치를 당한 후 소재·부품·장비의 국산화와 대체 공급선 확보에 전력을 다하고 있듯이 중국도 미국의 제품과 기술에 대한 의존도를 낮추기 위해 총력전을 펴고 있다. 중국은 충분히 시간을 두고 대미 의존을 줄이면서 단계적으로 미국 주도의 공급 체인에서 빠져나가려는 노력을 계속할 것으로 보인다. 따라서 현재 세계 경제의 구도와 디커플링의 중간 어디쯤으로 세계 경제 판도가 이동해 갈 가능성이 크다. 그 지점이 어디든 WTO 체제하의 '세계 단일 시장' 구조는 취약해질 가능성이 크다. 미국은 중국이 일방적으로 이익을 취해온 이 구조를 개조하려고 하고 있다. 이에 맞서 중국도 개도국과 저개발국에 대한 자금 제공 등을 통해 자국의 영향력이 강한 블록을 만들어 갈 것으로 보인다. 따라서 우리나라를 비롯해 대중 수출 의존도가 높은 나라는 대체 수출시장을 찾든지 내수 비중을 높이든지 경제 구조를 대수술해야 하는 과제에 직면하게 될 것이다.

셰일 혁명으로 미국이 세계에서 발을 뺀다?

한편으론 미국이 세계에서 아예 발을 뺄 것이라는 주장도 있다. 지정학 전략가이자 에너지 전문가인 피터 자이한이 《셰일 혁명과 미국 없는 세계》라는 책에서 이 같은 주장을 펼치고 있다. 자이한은 미국이 셰일 혁명으로 에너지를 자급하게 됐을 뿐만 아니라 에너지 수출국이 됐다는 사실에 주목하고 있다. 미국이 지금까지 유지해온 세계 질서는 2차 대전 후 만들어진 브레튼우즈 체제였다. 미국이 동맹국들과 함께 소련을 공동 견제하는 대신 동맹국들이 미국에 상품을 가져다 팔아 무역흑자를 내게 도와주는 구조였다. 특히 그동안 미국은 중동에서 석유를 들여와야 했기 때문에 중동 지역에 깊게 개입함은 물론 다른 나라의 석유 수송로를 보호해주는 맏형의 역할을 해왔다. 하지만 소련이 붕괴한 데다 미국이 에너지 자급을 이룸으로써 브레튼우즈 체제 속의 미국의 역할은 종언을 고하게 됐다는 게 자이한의 의견이다. '미국 없는 세계'가 펼쳐질 것이고 이에 따라 각국은 각자도생해야 한다는 것이다.[85] 그럴듯한 얘기지만 자이한이 언급한 시나리오는 가시화될 가능성이 크지 않다. 미·중 무역마찰만 들여다봐도 그의 주장이 성급함을 알 수 있다. 현재 미국에 가장 중요한 문제 중 하나는 중국의 위협적인 추격을 막아내고 상당 기간 G1의 자리를 지켜내는 것이다. 에너지 자급을 이뤘다는 이유만으로 세계에서 발을 빼 자국의 적으로 보고 있는 중국이 영향력을 확장할 공간을 만들어 준다는 것은 상상하기 어렵다. 미국은 과거보다 세계 문제에 적게 개입하겠지만, 중국과의 패권 다툼 때문

85 피터 자이한(2019), 홍지수 옮김, 《셰일혁명과 미국없는 세계》, 김앤김북스

에 '미국 있는 세계'는 계속 이어질 것으로 보인다.

특히 금융부문에서 미국과 중국은 신경전을 계속 벌일 전망이다. 중국은 현재 독자적인 디지털 화폐CBDC 발행을 추진하고 있다. 이는 미국의 영향권에서 벗어나려는 움직임으로 보인다. 중국 중앙은행인 인민은행은 다른 나라보다 적극적으로 디지털 화폐 발행을 추진하고 있다. 인민은행은 이르면 2020년 안에 CBDC를 발행할 가능성이 큰 것으로 알려지고 있다. 여기에서 주목할 점은 CBDC가 암호화폐가 아니라는 점이다. 암호화폐는 중앙통제기구 없이 말 그대로 분산원장 구조 아래 참여자들의 익명성이 보장되며 투명하게 거래되는 시스템이 핵심이다. 하지만 중국이 얘기하는 CBDC는 중앙은행이 강력한 통제권을 가지고 운영되고 익명성도 제한될 것으로 보인다. 중앙은행이 발행하는 전자화폐 정도로 보면 될 것 같다. 중국은 왜 다른 나라보다 더 중앙은행의 디지털 화폐 발행에 대해 적극적일까? 먼저 중국은 페이스북이 발행을 추진하고 있는 암호화폐 리브라가 본격 유통될 경우 자국의 화폐 주권이 크게 훼손될 것으로 우려하고 있어 이에 선제적으로 대응하기 위해 CBDC 발행을 준비하고 있다. 현재 리브라는 각국 정부의 강력한 견제와 참여 기업의 이탈로 발행 여부가 불투명해진 상태이다. 중국이 CBDC 발행에 적극적인 또 하나의 이유는 위안화의 왜소한 위상을 극복하기 위한 전략적 의도가 깔려있다는 분석도 있다. 중국은 그동안 위안화의 국제화를 추진해왔지만, 그 실적은 초라한 상황이다. 이에 따라 자국의 대규모 내수 시장을 기반으로 디지털 화폐를 육성해 미 달러화의 글로벌 패권을 흔들어 보겠다는 의도가 엿보이고 있다. 경쟁의 무대를 바꿔보겠다는 것이다. 미·중 패권 경쟁이 디지털 화폐 쪽으로도 확산하고 있다.

'인구보너스' 경쟁의 승자는?

선진국과 개도국의 1인당 GDP가 비슷한 수준으로 수렴될 것으로 보이는 만큼 결국 한 나라가 세계 GDP에서 차지하는 비중은 그 나라의 인구 비중에 가까워질 것이다. —스탠다드차터드

우리가 앞으로 맞게 될 시대는 경기침체와 이에 따른 저성장, 미·중 패권 경쟁의 상시화와 세계 단일 시장의 퇴조, 양극화 심화 등의 흐름을 나타낼 것이다. 이런 가운데 미국과 중국 중심의 양극 구조도 흔들릴 가능성이 점쳐지고 있다. 지금까지 세계 경제의 판세를 보면 미국이 정상 자리를 지키는 가운데 2위 자리 경쟁이 치열했다. 2위 자리는 1963년에 영국에서 프랑스로 바뀐데 이어 1967년에는 일본, 1970년엔 독일이 올라서더니 2년 후인 1972년에는 일본이 다시 순위를 뒤집는다. 미국을 따라잡을 듯 질주하던 일본은 2010년에 중국에 2위 자리를 내준다. 이후 10년

째 미·중의 '양강체제'가 이어지고 있다.[86] 미국과 중국 두 나라가 독주하고 있는 선두권은 난공불락難攻不落의 요새일까? 역사가 증언해주고 있듯이 세상에 영원한 것은 없다. 순위 변동이 예상된다. 지금 잘 나가는 나라들이 저출산과 인구 고령화, 생산가능인구 감소 등 '인구오너스' 현상으로 경제 성장세가 한풀 꺾이는 데 비해 인구 증가에 힘입어 여전히 '인구보너스'를 누리는 나라들의 약진이 예상된다. 대표적인 나라가 인도이다. 영국 은행인 스탠다드차터드의 장기 전망을 보면 2030년에 경제 규모 면에서 세계 1위 국가는 중국, 2위는 인도, 3위는 미국이다. 기준은 구매력 기준 GDP이다. 중국이 정상에 오르고, 미국은 인도에도 밀려 3위로 쳐진다. 인도는 경제개혁 조치와 젊은 인구 구조를 앞세워 글로벌 무대에서 기세 좋게 앞으로 치고 나갈 것으로 보인다. 인도는 인구 절반가량이 25세 이하의 젊은 층이다. 인도네시아, 터키, 브라질, 이집트 등도 2030년의 상위 10위권 국가이다. 반면 일본과 독일은 9위와 10위로 밀린다. 스탠다드차터드는 "선진국과 개도국의 1인당 GDP가 비슷한 수준으로 수렴될 것으로 보이는 만큼 결국 한 나라가 세계 GDP에서 차지하는 비중은 그 나라의 인구 비중에 가까워질 것"이라고 분석하고 있다.[87] 인구가 세계 경제에서 한 나라의 위상을 결정하는 주요 요인이 된다는 얘기다. 실제로 UN이 내놓은 '2019 인구 전망'을 보면 중국의 총인구

---

86 VISUAL CAPITALIST(2018.11.1.), 'Animation:The World's 10 Largest Economies by GDP(1960-Today)'

87 Quartz(2019.1.9.), 'India will overtake the US economy by 2030'

는 2020년의 14억 3,900만 명에서 2100년에는 10억 6,500만 명으로 줄어드는 데 비해 인도의 인구는 같은 기간에 13억 8,000만 명에서 14억 5,000만 명으로 늘어나 세계 최대 '인구 강국'이 된다. 미국의 인구 순위는 현재의 3위에서 4위로 한 단계 낮아진다. 2100년에는 나이지리아, 콩코, 에티오피아, 탄자니아, 이집트 등 아프리카 국가가 인구 강국에 대열에 서게 된다. 아프리카가 금세기 중 가장 높은 인구 증가율을 기록할 대륙이어서이다.[88]

〈표2〉 세계 인구 10대 국가 전망 (단위: 백만 명)

1950년		2020년		2100년	
중국	554	중국	1,439	인도	1,450
인도	376	인도	1,380	중국	1,065
미국	159	미국	331	나이지리아	733
러시아	103	인도네시아	274	미국	434
일본	83	파키스탄	221	파키스탄	403
독일	70	브라질	213	콩고	362
인도네시아	70	나이지리아	206	인도네시아	321
브라질	54	방글라데시	165	에티오피아	294
영국	51	러시아	146	탄자니아	286
이탈리아	47	멕시코	129	이집트	225

주) 현재의 국경을 기준으로 전망. 중국 인구는 홍콩, 마카오, 대만 미포함 (자료: UN)

88 UNITED NATIONS(2019), 'World Population Prospects 2019'

아프리카는 평균 수명이 짧은 탓도 있지만, 출산율도 높아 세계에서 가장 젊은 대륙이다. 대륙별 중위 연령을 보면 가장 나이가 많은 대륙은 42세의 유럽이고 아프리카는 18세로 가장 젊은 대륙이다. 두 대륙 간의 차이가 무려 24세에 이른다. 국가별로도 봐도 큰 차이가 나타난다. 중위 연령이 가장 낮은 젊은 국가는 15.4세의 나이지리아이다. 다음으로 말리(15.8세), 우간다(15.8세), 앙골라(15.9세), 잠비아(16.8세)로 상위 5개국이 모두 아프리카 국가이다. 이에 비해 중위 연령이 가장 높은 축에 들어가는 국가는 모나코(53.1세), 일본(47.3세), 독일(47.1세)로 아프리카 국가보다 연령이 30세 이상 많다.

세계 최대규모의 아프리카 무역협정AfcFTA

아프리카 하면 불안정한 정치체제에다가 종족 간 분쟁, 문명의 혜택을 받지 못하는 사람들을 대표적 이미지로 떠올리게 된다. 그런데 최근 아프리카에서 의미 있는 변화가 일어났다. 2019년 5월 30일에 아프리카 자유무역협정AfcFTA이 발효됨으로써 세계 최대규모의 자유무역 지대가 출범했다. 이 자유무역 지대에는 모두 54개국이 참여했는데 전체 GDP 합계가 2조 6천억 달러 규모이다. 인도나 프랑스와 비슷한 수준이다. 생산 가능 인구는 2040년에 11억 명에 이를 전망이다.[89] AfcFTA가 출범함으로써 앞으로 아프리카 역내 무역이 2040년까지 15~25%(500억~700억 달러) 늘어나고 경제는 물론 산업과 기업의 경쟁력이 강화되는 계기가 될 것으로 예상되고 있다.[90] 현재 아프리카 지역의 역내 무역은 전체 수출액 중 16.6%로 유럽의 68%, 아시아 지역의 59%보다 매우 낮은 편이다. 앞으로 아프리카 자유무역 지대는 갈 길이 멀다. 국가별로 경제발전 수준이 천양지차여서 상품과 사람의 이동을 자유롭게 하는 일 자체가 큰 도전적 과제가 될 것으로 보인다. 54개국마다 다른 규제를 단일화하는 것도 어려운 과제이다. 하지만 '잠자는 대륙' 아프리카가 경제발전과 통합을 향한 첫발을 내딛었다는 데 의미가 있다. 앞으로 글로벌 경제는 새로운 성장 엔진을 찾는 일이 급선무가 될 것이다. 그동안 세계 경제 성장을 견인해온 중국경제의 성장세가 미국의 견제와 내부적 요인으로 둔화될 것으로 보이기 때문이다. 당장 중국을 대체하거나 보완할 만한 지역은 눈에 띄지 않는다. 인도와 동남아시아 지역은 잠재 후보군에 들어간다. 아프리카 지역은 중장기적 관점에서 눈여겨볼 필요가 있다. 제도와 인프라의 미비, 그리고 '경제하려는 의지'의 결여 등 해결해야 할 과제가 많이 있지만, 인구보너스와 저임금, 대규모 시장 등 장점도 많다. 한 번 경제개발에 탄력이 붙으면 상당한 잠재력이 있는 지역이다. 15세기에 아프리카 추

89 WORLD ECONOMIC FORUM(2019.9.6.), 'Africa's new free trade area is promising, yet full of hurdles'

90 BROOKINGS(2019.5.30.), 'Key to success for the AfcFTA negotiations'

장을 자국으로 데려온 적이 있는 중국이 이제는 아프리카가 '차이나프리카'로 불릴 정도로 이 대륙을 선점한 것은 우리나라에도 많은 시사점을 주고 있다. 미·중 마찰이 장기화하는 시기에 수출의 25%를 중국에 의존하는 편중 구조는 우리 경제에 큰 부담이 되고 있다. 중국이 몸살을 앓으면 한국 경제는 크게 흔들릴 수밖에 없는 형편이다. 동남아, 인도는 물론 중장기적으로 아프리카 지역도 잘 지켜보면서 수출시장을 다변화해 대중 의존도를 낮춰 나가야 하는 일이 한국 경제의 과제로 주어져 있다.

3

이해관계자 자본주의의 깃발

"신자유주의 모델은 그동안 평화, 번영, 그리고 기술적 진보를 가져왔다. 그 결과 전 세계적으로 빈곤이 크게 줄고 생활 수준이 높아졌다. 하지만 글로벌 금융위기 이후 이익 극대화와 주주 가치에 초점을 맞춘 신자유주의 모델 자체가 '긴장' 국면에 놓여 있다. 리셋할 때이다."

'빨간 불' 켜진 양극화 심화

전체적으로 부유한 사람이 가난한 사람보다 평균적으로 12년 이상 더 산다. —린다 그래튼

영화 '기생충'과 '조커'. '기생충'은 영화 제목 자체부터 도발적이다. 기생충은 숙주의 존재를 전제로 한다. 영화에서 그려지는 숙주는 상류층이고 기생충은 빈곤층이다. 숙주와 기생충은 상하 관계를 이루며 일상적 공생의 삶을 살아간다. 하지만 두 계층 사이에 그어져 있는 '넘지 말아야 할 선'은 결국 긴장의 전류가 흐르는 전선이 되고, 거기에 모두가 감전되는 장면은 과도하게 폭력적이다. 이 정도까지 상황을 그릴 필요가 있었나 하는 생각이 들기도 했다. 영화 '기생충'은 부유층 집안 내 일자리를 놓고 벌이는 두 저소득층 가족의 생존 다툼도 처절하게 담아낸다. 영화 '조커'는 '기생충'에 비해 전선이 단순하다. 고담시의 빈곤층의 아들로 자란 광대 아서 플렉. 그는 남들을 웃기는 코미디언으로 사는 삶을 꿈꾼다. 하지만 사회의 부당한 차별과 폭력, 그리고 뒤늦게 알게 된 어렸을 적 어머니의 학대는 그를 끔찍한 살인자로 변화시킨다. '기생충'과 '조커' 두 영화는 적어도 영화 줄거리 상으로서는 폭력을 저항의 행위로 그려내고 있다. 영화의 한 장치로 이해하고 넘어갔다. 폭력적 요소가 빠졌다면 영화적 재미는 줄었을지 몰라도 문제는 더 선명하게 제기됐을 것이라는 생각도 해봤다. 어쨌든 이 두 영화가 던져주고 있는 메시지는 글로벌 경제의 가장 큰 화두 중의 하나인 양극화의 심각성이다. 계층 간의 격차는 어느 정도 불가피한 산물이지만 그 거리감이 적정한 폭을 넘어서면 누구도 원하지 않는 결과를 가져올 수 있다는 메시지를 '폭력'이라는 상징으로 던져주고 있다. 어찌 보면 누군가에는 불편할 수 있는 이 두 영화가 화제가 된 것은 그만큼 양극화에 대한 우려와 공감대의 폭이 두텁다는 것을 보여주고 있다.

양극화는 이제 진영의 이슈가 아니다. 보수적인 글로벌 투자은행이 이를 우려하는 목소리를 내놓았다. 도이치뱅크의 수석 이코노미스트인 토르슨 슬록은 2020년에 금융시장이 직면할 20개 리스크를 열거하면서 가장 먼저 부와 소득, 그리고 건강의 양극화를 들었다.[91] 그만큼 상황이 심각하다는 얘기다. 토르슨은 미국 경제방송인 CNBC와의 인터뷰에서 "무역마찰이나 트럼프 탄핵 이슈는 단기 리스크이지만, 양극화 심화는 장기 이슈이며 언

91 CNBC(2019.11.9.), 'Here are the biggest risks to the financial markets in 2020'

젠가는 정치적으로 해결돼야 한다"고 강조했다. 토르슨의 언급 중 눈에 띄는 점은 건강의 양극화이다. 부자는 더욱 건강해지는 반면 빈곤층은 건강이 열악해지는 현상을 말하고 있다. 실제로 갤럽이 최근 미국에서 실시한 여론조사 결과를 보면, 경제력이 취약해 의사가 처방한 약을 살 수 없다고 응답한 사람들의 비율이 늘어나고 있다.[92] 이 비율은 2019년 1월의 18.9%에서 9월에는 22.9%로 상승했다. 5명 중 한 명이 돈이 없어 약을 사지 못하는 막막한 상황에 놓여 있는 것이다. 특히 미국 성인의 13%는 주변 사람이 병원비를 낼 수 없어 사망하는 것을 봤다고 응답했다. 건강의 양극화는 소득 수준별로 봤을 때 더욱 분명하게 나타나고 있다. 연간 소득이 10만 달러를 넘는 가계의 경우 병원비를 낼 능력이 없어 주변 사람이 사망했다고 응답한 사람의 비율이 9.1%에 그쳤지만 4만~10만 달러는 11.1%, 4만 달러 미만은 18.5%로 더 높았다. 의료보험 시스템이 잘 마련돼 있지 않아 비싼 병원비와 약값을 부담해야 하는 미국에서 이렇게 심각한 일이 일어나고 있다. 문제는 양극화가 건강의 불평등을 넘어 수명의 불평등으로까지 번지고 있다는 점이다. 런던경영대학원 교수인 린다 그래튼과 앤드루 스콧은 공저 《100세 인생》에서 "전체적으로 부유한 사람이 가난한 사람보다 평균적으로 12년 이상 더 산다"면서 이를 해소하기 위해 보건 교육을 강화하는 등의 정책적 대응이 필요하다고 강조한다. 두 교수가 미국에서 1920년에 태어난 사람

92 Gallup(2019.11.12.), 'Millions in U.S. Lost Someone Who Couldn't Afford Treatment'

과 1940년에 태어난 사람들의 기대여명을 비교해 본 결과, 부유한 사람들의 기대여명 증가 폭이 빈곤층보다 훨씬 컸다. 특히 저소득층 여성의 기대여명은 오히려 줄어든 것으로 나타났다.[93] 유엔개발계획UNDP도 비슷한 내용의 분석 결과를 내놓았다. UNDP는 '인간개발보고서Human Development Report 2019'에서 일부 선진국에서 소득 상위 1%에 들어가는 40세 중년의 기대여명은 하위 1%보다 남성은 15년이, 여성은 10년이 더 길게 나타났다고 밝혔다.[94] 국내에서 이뤄진 연구도 유사한 결과를 보여주고 있다. 고려대학교 김승섭 교수는 저서 《우리 몸이 세계라면》에서 서울대 산학협력단의 연구 내용(2016년)을 소개한다.[95] 이 연구는 2004년부터 2015년까지 건강보험 가입자와 의료보험 대상자 전체를 대상으로 실시됐는데 계층 간에 수명의 격차가 벌어지고 있는 것으로 나타났다. 이 보고서에 따르면 2015년을 기준으로 한국인의 평균 기대수명은 82.45세이다. 2015년에 태어난 아이가 평균 82.45세까지 살 수 있다는 얘기이다. 그러나 계층별 기대수명을 보면 소득 수준 하위 20%는 78.55세로 85.14세인 상위 20%보다 기대수명이 6.59년이 짧다. 이 격차는 점점 더 커지고 있다. 2004년의 6.05년에서 2015년에 6.59년으로 커졌고, 2025년에는 6.90세로 늘어날 것으로 예상된다. 가난하면 수명도 짧아지는 것이다. 또 다른 연구에서도 소득 1분위 계층의 기대수명은 78.6세로 5분위의

93 린다 그래튼·앤드루 스콧(2017.4.), 안세민 옮김, 《100세 인생》, 클
94 UNDP(2019), 'Human Development Report 2019'
95 김승섭(2018), 《우리 몸이 세계라면》, 동아시아

85.1세보다 6.5세가 짧고, 특히 건강하게 사는 기간인 건강기대수명은 1분위가 60.9세로 5분위(72.2세)보다 11.3세나 짧은 것으로 나타났다. 빈곤층은 인생 후반부에 더 오래 아프면서 수명도 짧은 것이다.[96] 도이치뱅크의 수석 이코노미스트가 지적한 건강의 양극화가 우리나라에서도 그대로 나타나고 있다.

양극화는 2020년 11월로 예정된 미국 대선을 앞두고 미국에서 주요한 이슈로 떠오르고 있다. 신자유주의의 영향으로 미국의 불평등 정도가 다른 나라보다 심하기 때문이다. 〈그림1〉은 선진국 클럽인 경제협력개발기구 OECD가 분석한 나라별 지니계수(0에 가까울수록 소득이 평등, 1에 가까울수록 불평등)이다. 이를 보면 2017년 기준 미국의 지니계수는 0.39로 분석 대상 39개 국가 중 6번째로 소득 불평등이 심한 상태이다. 미국보다 상태가 더 안 좋은 나라는 터키, 멕시코, 칠레, 코스타리카, 남아프리카 공화국 정도이다. 자산 불평등은 더 심각하다. 미국 상위 1% 가계가 미국 전체 부의 40%를 가지고 있는 데 비해 하위 90% 가계가 보유하고 있는 부의 비중은 25%에 불과한 것으로 UC버클리의 엠마누엘 새즈 교수와 가브리엘 주크만 교수의 연구 결과에서 나타났다.[97]

96 김명희(2019.12.), '포용복지와 사회정책방향', 한국보건사회연구원
97 PIIE(2019.10.31.), 'The Great Wealth Tax Debate'

〈그림1〉 OECD 회원국의 지니계수 현황

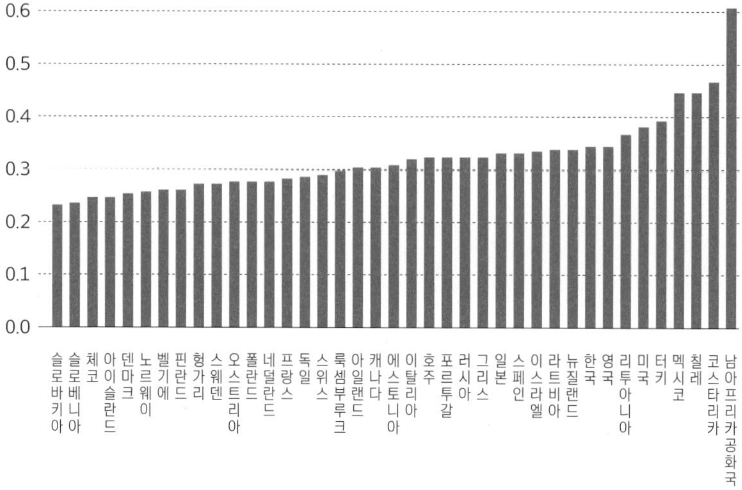

주) 자료: OECD, 국가별로 2014~2018년 데이타가 사용됨

미국의 '부유세' 논쟁'

미국의 양극화 심화 문제는 11월로 예정된 미국 대선을 앞두고 민주당의 엘리자베스 워런 상원의원과 버니 샌더스 상원의원 등이 본격적으로 제기하고 있다. 워런과 샌더스는 10억 달러 이상의 부를 보유한 최상위 부자들에게 2~3%의 부유세Wealth Tax를 물리자고 주장하고 있다. 부유세는 1990년만 해도 12개 선진국이 시행했지만, 프랑스 등 국가가 이를 폐지해 현재는 4개국에서만 존속하고 있다. 워런과 샌더스의 부유세 도입 주장을 놓고 미국 내에서 치열한 찬반 논란이 벌어지고 있다. 먼저 양극화 완화를

위해 부유세에 찬성하는 쪽. 워런 민주당 상원의원에게 조언하고 있는 UC버클리의 새즈 교수와 주크만 교수는 부유세가 점증하는 부의 집중을 완화할 수 있으며, 일 년에 미국 GDP의 1.2%에 해당하는 2,500억 달러의 세금을 걷을 수 있다고 주장하고 있다. 흥미로운 점은 세계적 투자자인 조지 소로스와 월트 디즈니의 손녀딸인 아비게일 디즈니 등 미국의 최상위 부유층 19명이 미국의 불평등을 개선하고 미국을 더 강한 나라로 만들기 위해 자신들에게 부유세를 부과할 것을 촉구하는 성명을 발표했다는 것이다. 이들 19명이 발표한 성명서는 부유세의 취지와 핵심 이슈를 다 담고 있어 요약해 소개한다.

부유세를 지지하며(2020년 대선후보들께)

우리는 공화당이든 민주당이든 모든 대통령 후보들이 부유세를 지지해줄 것을 촉구하기 위해 이 글을 쓰고 있다. 부유세는 미국 상위 1%의 부자 중 상위 10%인 우리에게 부과돼야 한다. 새로운 세금은 중산층이나 저소득층이 아닌 가장 부유한 사람들에게서 징수돼야 한다. 부유세는 기후 변화에 대처하는 데 도움이 될 것이며, 경제를 개선하고, 국민 건강을 증진하며, 공정하게 기회를 창출하고, 민주적 자유를 강화할 수 있을 것이다. 부유세는 미국의 이익에 부합한다. 여론조사 결과를 보면, 최상위 부유층에 대한 과세는 공화당, 독립 정치세력, 민주당을 가리지 않고 대다수 미국인의 지지를 받고 있다.

부유세는 새로운 것이 아니다. 수백만 미국 중산층은 이미 자신들의 주요 재산인 주택에 대해 재산세의 형태로 매년 부유세를 내고 있다. 최상위 1% 부유층 중 상위 10%인 우리에 대한 부유세는 우리 역시 주요 자산에 대해 작은 세금을 내는 것을 의미한다. 대선 후보 중 처음으로 워런 상원의원이 제안한 방안은 미국 최상위 부유층 가족 중 7만 5천 가구만을 대상으로 부유세를 매김으로써 수백만 가구에 아메리칸 드림의 새로운 모습을 보여줄 것이다. 워런 의원의 제안은 명료하다. 자산 중 5천만 달러를 공제한 다음, 매 1달러의 자산에 2센트의 부유세를 물리고 10억 달러가 넘는 자산에는 매 1달러당 1센트의 추가 세금을 물리자는 내용이다. 4,990만 달러 이하의 자산을 가진 사람들은 부과 대상이 아니다. 이런 식으로 과세를 하면 향후 10년에 걸쳐 약 3조 달러의 추가 세금이 걷힐 것으로 추산된다. 이 추가 세수는 우리의 미래를 위한 스마트한 투자에 쓰일 수 있다. 예를 들면, 기후 변화를 완화하기 위한 클린에너지 혁신, 보편적 아동복지, 학자금 부채 구제, 인프라 현대화, 저소득층에 대한 세액공제, 공공건강 솔루션, 그리고 다른 중요한 일 등에 이 돈이 쓰일 수 있다.

부유세는 미국인들을 더 건강하게 만들 것이다. 경험이 많은 공공 전문가들은 미국인의 1위 사망 요인인 심혈관 질환과 마약 중독 등 중요한 공공건강 상의 문제들을 해결하기 위해 더 많은 재원이 필요하다고 지적하고 있다. 높은 수준의 불평등은 낮은 기대 여명과 관련이 깊다. 가장 부유한 미국인들은 최빈층보다 15년 정도 더 사는 것으로 추산되고 있다. 빈곤한 커뮤니티에서 사는 개인들은 소득 수준과 관계없이 75세 이전에 사망을 가능성이 크다. 저소득층과 중산층의 기회 창출을 위해 최상위 부유층에 세금을 물림으로써, 우리는 공공건강을 개선하고 기대 여명을 늘릴 수 있다. 부유세는 공정하다. 부유세는 부유층과 나머지 계층 간의 커다란 유효세율 격차를 좁히는 데 도움이 될 것이다. 워런 버핏은 자신이 비서보다 더 낮은 세율을 적용받고 있다고 말한 바 있다. 하위 99%의 가구가 올해 7.2%의 세율을 적용받을 것으로 전망되는 반면 상위 1% 부유층의 상위 10%인 우리가 적용받을 것으로 보이는 세율은 3.2%이다. 이 같은 불균형은 분노를 일으키고 근로계층이 계층 상향 이동을 하는 것을 더 어렵게 만들고 있다. 부유세는 미국인의 자유와 민주주의를 강화한다. 부유세는 안정과 통합성을 해치는 점증하는 부의 집중을 완화할 것이다. 우리는 부유세가 정치적, 사회적, 경제적 안정을 가져오고, 미국의 민주적 자유를 강화하고 보호해줄 것이라고 믿는다.

부유세에 대한 반대 의견도 적지 않다. 한 기업가가 성공적 혁신으로 큰 부를 쌓았다면, 그것은 존중돼야 하지 않느냐는 주장이다. 예컨대 아마존의 독점력에 대해서는 규제를 해야 하지만 소유주인 제프 베조스에게 더 많은 세금을 물리는 건 적절하지 않다는 것이다. 또 같은 부유층이라도 많이 소비하는 부자에 비해 자산을 투자해서 더 큰 부를 이룬 사람에게 더 무거운 세금을 물리는 건 합리적이지 않다는 지적도 있다. 피터슨 국제경제연구소는 이에 따라 누진적 소득세나 상속세를 대안으로 생각할 수 있지만 두 방안 모두 한계가 있다고 지적하고 있다. 소득세의 경우 최상위 부유층은 대부분 근로소득이 아니라 자산소득이 큰 데 자산소득은 해당 자산을 매각할 때까지는 과세가 되지 않아 소득세 과세를 할 수 없다. 상속세율 인상은 대부분 미국민이 이에 대해 부정적이어서 정치적으로 추진될 가능성이 거의 없는 상황이다. 미국 기업인 중 부유세 주장에 대해 반대하고 있는 인물들은 제임스 다이먼 JP모건 체이스 회장, 세계 최대 헤지펀드인 브리지워터의 레이 달리오 CEO, 스티븐 슈워츠먼 블랙스톤 회장 등이다.

부유세는 현재 논쟁 수준에 머물고 있다. 미국 대선에서 누가 당선되느냐에 따라 정책의 테이블에 오를 수도 수면 밑으로 가라앉을 수도 있다. 하지만 부유층 내에서도 이처럼 찬반 논란이 일고 있는 등 부유세를 논란이 일고 있는 현상은 도이치뱅크의 토르슨 슬록이 지적했듯이 부, 소득, 건강의 양극화 정도가 사회경제적 안정을 훼손할 수 있는 위험 수위에 이른 미국의 현실 탓이다. 양극화 심화라는 현상이 존재하는 만큼 부유세가 됐든 다른 방안이 됐든 양극화를 해소하는 방안을 놓고 앞으로 치열한 논쟁이 진행될 것으로 보인다.

CEO들의 반란

이해관계자 모두가 다 중요하다. 우리는 기업과 지역사회, 그리고 국가의 성공을 위해 이들 모두에게 가치를 전달할 것을 약속한다.

—비즈니스라운드 테이블

자본주의 경제에서 기업의 목적은 무엇일까? 답은 단순해 보이지만, 조금 더 들여다보면 생각보다 단순하지 않다. 기업은 기본적으로 인력을 고용하고 자본재 등에 투자해서 시장이 필요로 하는 상품과 서비스를 공급하는 역할을 한다. 그렇다면 기업은 무엇을 목적으로 할까? 이 답은 시대에 따라 변해왔다. 1950년대와 1960년대 미국과 유럽에서 이른바 '관리 자본주의'가 가동되고 있을 때만 해도 기업은 정부, 노조와 협력해 이익을 내면서도 근로자들에게 고용 안정을 보장하는 것 등을 목표로 삼았다. 하지만 1970년대 후반과 80년대 초부터 마거릿 대처 영국 총리와 로널드 레이건 미국 대통령이 신자유주의의 깃발을 들면서 기업의 목적은 주주 가치, 즉 기업 주인의 부를 극대화하는 쪽으로 집중됐다. 이에 따라 기업은 분기마다 시장의 기대치를 상회하는 이익을 내는 데 총력을 기울이게 된다. 앨 고어 전 미국 부통령은 지난 2013년 《앨 고어, 우리의 미래》라는 저서에서 단기적 이익에만 치중해 전체 경제의 건강성을 해치고 있는 현상을 '분기 자본주의'라고 부르며 그 위험성을 경고한 바 있다.

> 분기 자본주의는 3개월 단위로 사업을 운영하면서 예산과 전략을 짤 때 분기별 개별 수입이 예상치나 시장기대치를 충족시키도록 집중하는 일반적 사업 방식을 말한다. 투자자와 경영주들이 초점을 맞추고 있는 '성장'의 정의가 지역사회의 건강과 복지, 근로자들의 건강, 사업 수행이 환경에 미치는 영향 등을 배제하고 있다면, 그들은 암묵적으로 진정한 성장이 지속할 수 없게 만드는 위험한 길은 선택한 것이다.[98]

이렇듯 기업이 이익을 극대화하는 데만 초점을 맞추다 보니 양극화 및 불평등 심화, 환경 오염 등 커다란 부작용이 누적돼왔다. 장하준 케임브리지대학 교수는 유럽에서도 주식시장의 압력이 세진 결과 비정규직이 많이 늘어나는 등 고용 관행에 변화가 생겼다고 말하고 있다.[99]

그 결과 최근 해외에서 본격적으로 제기되고 있는 이슈가 '고

98 앨 고어(2013), 김주현 옮김, 《앨 고어, 우리의 미래》, 청림출판
99 장하준(2007.11.), 《장하준, 한국경제 길을 말하다》, 인터뷰 지승호, 시대의창

장난 자본주의Broken Capitalism'를 개혁하는 문제이다. 세계적 경제 매체인 파이낸셜타임스는 최근 '자본주의, 리셋의 시간Capitalism: Time for a Reset'이란 기획 시리즈를 시작했다. 라이오넬 바버 편집장은 기획 취지에 대해 이렇게 설명하고 있다. "신자유주의 모델은 그동안 평화, 번영, 그리고 기술적 진보를 가져왔다. 그 결과 전 세계적으로 빈곤이 크게 줄고 생활 수준이 높아졌다. 하지만 글로벌 금융위기 이후 이익 극대화와 주주 가치에 초점을 맞춘 신자유주의 모델 자체가 '긴장' 국면에 놓여 있다. 리셋할 때이다" 주주 가치만을 중시하는 자본주의가 많은 부작용을 유발해 이젠 전체 판을 리셋해야 할 때라는 말이다. 파이낸셜 타임스에 앞서 '더 가디언'은 '고장난 자본주의'라는 특집 시리즈를 2019년 4월부터 연재해오고 있다. 이들 미디어가 제기하고 있는 자본주의의 문제의 핵심은 기업들에 단기이익 극대화를 압박하는 현재의 자본주의 시스템이 자본주의를 망치고 있다는 것이다. 주가를 끌어 올리기 위해 투자도 늦추고 임금도 억제하는 등 많은 문제를 일으켜 왔다는 것이다. 세계적 투자자인 워런 버핏과 제이미 다이먼 JP 모건 회장도 이런 문제의식에 공감하고 있다. 이 두 사람은 월 스트리트 저널과의 인터뷰에서 "금융시장이 기업의 단기이익에 초점을 맞추다 보니 장기적 전략과 성장, 지속가능성이 훼손되는 등 경제를 망치고 있다"고 비판하고 그 예로 기업들이 분기 이익을 맞추기 위해 기술, 고용, 연구개발에 대한 투자를 보

류하는 것을 들었다.[100]

단기적 이익을 중시하는 기업 경영에 대한 비판 여론이 높아지고 있는 가운데 미국 대기업의 CEO들이 의미 있는 움직임을 보였다. 영향력 있는 미국 CEO 181명의 모임인 비즈니스 라운드 테이블BRT은 2019년 8월 주주 우선주의의 시대는 막을 내렸다고 이례적인 선언을 했다. BRT는 1978년 이래 '기업지배구조의 원칙Principles of Corporate Governance'에 대해 정기적으로 발표해왔는데 1997년 이후 발표된 원칙은 기업은 기본적으로 주주에 봉사하기 위해 존재한다는 주주 우선주의였다. 주가를 최대한 올리고, 배당이나 자사주 매입을 통해 주주들에게 '현금선물'을 하는 게 기업의 목적으로 간주해왔다. 하지만 이번에 큰 변화가 일어났다. BRT는 이번에 새로 발표한 기업지배구조 원칙에서 기업의 목적은 고객, 근로자, 거래기업, 지역사회, 주주 등 모든 이해관계자에게 봉사하는 것임을 분명히 했다. 눈여겨봐야 하는 것은 기업이 중시해야 할 이해관계자 중 주주의 순위가 맨 뒤로 밀렸고, 주주에게는 '장기적 가치'를 창출하는 게 기업의 목적이라고 밝혀 단기이익을 배제했다는 점이다. 20여 년 동안 신자유주의의 기본틀이 돼온 주주 우선주의에 대해 CEO들이 종지부를 찍고 이해관계자 자본주의를 선언한 것은 큰 의미가 있다. BRT의 발표문 내용은 다음과 같다.

---

100 REUTERS(2018.6.7.), 'Buffet, Dimon say quarterly profit forecasts harming economy:WSJ'

기업의 목적에 대한 성명

미국민들은 각 개인이 노력과 창의성으로 성공할 수 있고, 의미 있고 존엄한 삶을 살 수 있게 하는 경제를 가질 자격이 있다. 우리는 자유시장 시스템이 모두에게 좋은 일자리와 강하고 지속 가능한 경제, 혁신, 그리고 건강한 환경과 경제적 기회를 주기 위한 최선의 방식이라고 믿는다.

기업은 일자리를 만들고, 혁신을 촉진하고, 필수적인 상품과 서비스를 공급함으로써 경제에서 매우 중요한 역할을 한다. 기업은 소비재를 만들고 판매한다. 장비와 수송기기를 제조하고 국방을 지원하며 식품을 재배하고 생산한다. 또 헬스케어를 제공하고 에너지를 생산해 보내며 경제 성장을 뒷받침하는 금융, 통신 등 서비스를 제공한다.

개별 기업들은 각각의 목적을 가지고 있지만, 우리는 모든 이해관계자에 대한 핵심적인 다짐을 공유한다. 우리는 이렇게 다짐한다.

- 고객들에게 가치를 전달하겠다. 고객의 기대에 부합하거나 그 기대를 넘어서는 것을 선도해온 미국 기업의 전통을 발전시켜 나가겠다.
- 근로자들에게 투자하겠다. 근로자들에게 공정하게 급여를 지

급하고 중요한 복지를 제공하는 것부터 시작하겠다. 빠르게 변화하는 세상에서 근로자들이 새로운 기술을 개발할 수 있도록 훈련과 교육을 통해 지원할 것이다. 우리는 다양성과 포용성, 존엄과 존경을 강화하겠다.

- 거래기업들을 공정하고 윤리적으로 대우하겠다. 우리가 과제를 수행하도록 돕는 크고 작은 다른 기업들에 좋은 파트너로서 헌신적인 태도를 보이겠다.
- 우리가 사업을 하는 지역사회를 지원하겠다. 지역 주민을 존중하고 기업 전반에 걸쳐 지속 가능한 관행을 포용함으로써 환경을 보호하겠다.
- 기업들이 투자하고, 성장하며, 혁신할 수 있도록 자본을 공급하는 주주들을 위해서는 장기적 가치를 창출하겠다. 우리는 투명성과 주주들과의 효율적 관계에 전념하겠다.

이해관계자 모두가 다 중요하다. 우리는 기업과 지역사회, 그리고 국가의 성공을 위해 이들 모두에게 가치를 전달할 것을 약속한다.

BRT의 성명에 대해 미국 CEO들은 긍정적 반응을 보이고 있다.[101] 프로그레시브의 트리시아 그리피쓰 회장은 "CEO들은 이익을 창출해서 주주들에게 가치를 주기 위해 일한다. 하지만 훌

101 BRT(2019.8.19.), "Business Roundtable Redefines the Purpose of a Corporation to Promote 'An Economy That Serves All Americans'"

륭한 기업은 그 이상의 일을 한다. 그들은 고객을 가장 우선시하며, 근로자와 지역사회에 투자한다. 결국, 그게 장기적 가치를 쌓아가는 가장 좋은 방법"이라고 평가했다. 다렌 워커 포드재단 회장은 "놀라운 소식이다. 21세기에 기업들이 모든 이해관계자를 위해 장기적 가치를 창출하고 우리가 직면한 도전을 해결하는 데 초점을 맞추는 것은 어느 때보다 중요하다"고 BRT의 성명에 공감했다. 이번 BRT 성명에 서명한 CEO에는 내로라하는 기업인들이 포함돼 있다. 아마존의 제프 베조스, 애플의 팀 쿡, AT&T의 랜달 스티픈슨, 베스트 바이의 코리 베리, 시티그룹의 마이클 코뱃, 딜로이트의 퍼닛 렌젠, 포드자동차의 제임스 해커트, 제너럴 모터스의 매리 바라, 골드만삭스의 데이비드 솔로몬, IBM의 지니 로메티, 맥킨지의 케빈 스니더, 비자의 알프레드 켈리, 월마트의 덕 맥밀런 등 굵직굵직한 인사들이 이 성명에 서명했다. 이번 성명이 발표되자 현실적으로 그게 가능하겠냐는 회의론도 일부에서 제기되고 있다. 하지만 중요한 점은 금융시장의 요구를 맞추느라 눈치를 봐온 CEO들이 이에 공식적으로 반기를 들었다는 데 있다. CEO들은 그동안 기관투자가들의 주머니를 두둑하게 만들어 주기 위해 아웃소싱이나 감원을 하고 자사주 매입을 통해 주주들에게 현금을 뿌려왔다. 이는 기업의 미래를 희생시키는 조치였다. CEO들이 이 같은 문제를 절감하고 주주 우선주의의 종언을 내건 것은 중요한 변화이다. 특히 영향력 있는 많은 CEO가 서명에 참여한 만큼 기업 운영의 목적을 바꾸는 일에 추진력이 생길 것이라는 기대를 낳고 있다. 캐써리나 피스터 콜롬비아 대학 로스쿨 교수는 이와 관련해 "이사회에 이해관계자 대표를 참여시키는 등 제도적 개선이 이뤄져야 기업 경영이 '주주 모델'에서 '이해관계자 모델'로 바뀔 수 있다"고 주장한다.[102] 말로는 부족하며 실제 제도가 이해관계자 자본주의가 운영될 수 있도록 바뀌어야 한다는 것이다.

깃발 올린 '이해관계자 자본주의stakeholder capitalism'

미국 CEO들이 새롭게 깃발을 올린 이해관계자 자본주의는 어떤 모습일까. 지난 2014년 미국 뉴잉글랜드의 슈퍼마켓 체인인 마켓 바스켓에서 일어난 일이 그 단면을 잘 보여주고 있다. 당시 가족 회사인 마켓 바스켓의 이사회는 CEO인 아서 데몰레스를 해고했다. 그러자 의외의 일이 일어났다. 근로자와 소비자들이 이사회의 결정에 크게 반발했다. 근로자들은 배달을 거부하며 항의 시위에 나섰고, 정치인들도 이사회를 비난했으며, 소비자들도 불매 운동에 들어갔다. 왜 이런 일이 일어났을까. 아서 데몰레스의 사업 방식이 이해관계자 모델이었기 때문이다. 클린턴 행정부에서 노동부 장관은 역임했던 로버트 라이시는 저서 《자본주의를 구하라》에서 데몰레스를 이렇게 평가한다. "그는 경쟁사보다 제품 가격을 낮추고 직원에게는 급여를 인상해주고 직원과 관리

102 Katharina Pistor(2019.8.26.), 'Why America CEOs Have Turned Against Shareholders', Project Syndicate

자에게 더 많은 권한을 위임했다. 축출되기 전에는 고객에게 4% 추가 할인을 제공하면서 고객이 주주 이상으로 혜택을 누릴 수 있다고 주장했다. 즉, 데몰레스는 기업을 주주뿐만 아니라 고객 모두가 이익을 취해야 하는 공동기업으로 보았고, 결국 이러한 태도 때문에 이사회에 의해 해고됐다."[103] 결과는 근로자와 소비자의 승리였다. 불매 운동으로 큰 손실을 본 마켓 바스켓의 이사회는 회사를 아예 데몰레스에게 매각했다. 주주뿐만 아니라 근로자, 소비자, 지역사회를 중시한 데몰레스의 이해관계자 모델이 빛을 본 것이다.

앞에서 언급한 BRT의 성명은 기업을 데몰레스처럼 운영하는 것을 지향하는 것이다. 일각에서는 미국 주요 기업인들의 이해관계자 자본주의 선언이 기업에 쏠리는 비판을 피해가기 위한 선제 대응이라는 지적도 있다. 하지만, 실제로 일부 기업들의 보폭에 변화가 생기고 있다. 대표적인 기업이 마이크로소프트다. 마이크로소프트는 2019년 초에 본사가 있는 시애틀 지역에 5억 달러를 투자해 주택을 공급하겠다고 발표했다. 이 같은 조치는 테크 대기업의 성장으로 시애틀 지역의 집값이 급등해 일반 근로자들이 주택 확보에 애를 먹고 있는 주거의 양극화를 해소해주기 위한 것이다. 사티아 나델라 마이크로소프트 CEO는 세상이 원하는 것에 잘 맞추는 것이 기업이 신뢰를 얻는 가장 강력한 방

103 로버트 라이시(2016), 안기순 옮김, 《자본주의를 구하라》, 김영사

법임을 강조했다.[104] 이뿐만이 아니다. 테크 대기업을 포함한 25개 미국 기업이 미 정부가 파리기후변화협약에서 탈퇴한 것에 반대한 것도 이런 맥락의 목소리로 볼 수 있다. 근로자들의 압박으로 기업의 비도덕적 비즈니스가 중단된 경우도 있다. 구글의 근로자들은 구글이 드론을 이용한 기습공격에 쓰이는 인공지능 기술을 미 국방부에 납품하는 것을 중단시키기도 했다. 페이팔 홀딩스의 CEO 댄 슐만은 시급 근로자들의 생계가 어렵다는 말을 듣고 임금 인상을 약속했다. 그러자 헤지펀드인 저스트 캐피탈의 매니저인 폴 튜더 존스는 "댄 슐만은 미국 자본주의의 미래"라고 긍정적 평가를 했다. 세일즈 포스의 CEO인 마르크 베니오프는 "우리가 알아온 자본주의는 죽었다"며 주주자본주의의 사망을 선언하기도 했다.[105] 중요한 점은 이 같은 미국 기업과 기업인들의 변화가 외부의 압박에 의한 게 아니라 자발적으로 이뤄지고 있다는 점이다. 기업 스스로 주주 가치만을 중시해온 자본주의의 문제점을 인정하고 이를 혁신해야 할 필요성을 사회에 던진 것이다.

---

104 The Economist(2019.8.24.~30), 'Briefing Corporate Purpose:I'm from a company, and I'm here to help'

105 Los Angeles Times(2019.12.26.), 'Giant companies leaned into making capitalism look cuddly this year'

문제는 글로벌 패권을 쥐고 있는 미국의 주요 대기업들이 주주자본주의에서 이해관계자 자본주의로의 전환을 주장했다고 해도 이게 실제 변화로 연결되는 데는 적지 않은 시간이 걸릴 것이라는 점이다. 몇몇 기업이 이러한 변화를 이뤄내는 것은 역부족이다. '시장의 복수'를 감당하지 못할 것이기 때문이다. 따라서 이해관계자 자본주의가 글로벌 무대에서 공론화돼 폭넓은 공감대를 형성하는 게 선행해야 한다. 이와 관련해 클라우스 슈밥 WEF 회장은 최근 새로운 다보스 선언의 주제로 이해관계자 자본주의를 채택했다. 슈밥은 주주자본주의가 기업이 이윤을 추구하는 법인일 뿐만 아니라 사회적 조직임을 잊었다고 지적했다. 그 결과 기업이 실물 경제에서 점점 괴리돼 주주자본주의가 더 이상 지속 가능하지 않다고 많은 사람이 생각하게 됐다. 슈밥은 주주자본주의가 지속 가능하지 않은 이유로 '그레타 썬버그 효과Greta Thunberg effect'를 언급했다. 그레타 썬버그는 스웨덴의 활동가로 이런 주장을 하고 있다. 현재의 주주자본주의는 환경을 지속 가능하지 않게 해 미래 세대를 배신하고 있다. 이와 함께 밀레니얼과 Z세대는 주주 가치 극대화 이상의 가치를 가지고 있지 않은 기업을 위해 일하거나, 그 기업에 투자하거나, 그 기업으로부터 물건을 사고 싶어 하지 않는다. 또 기업 임원들과 투자자들은 자신들의 장기적 성공이 고객, 근로자, 거래기업들과 밀접한 관련을 맺고 있음을 인식하기 시작했다. 슈밥은 이해관계자 자본주의가 지배적 모델로 자리를 잡아가도록 하기 위해 새로운 다보스 선언을 채택했는데 그 내용은 기업들이 공정한 몫의 세금을 부담하고, 부패에 대해 '무관용의 원칙'을 적용해야 하며, 글로벌 공급 체인에서 인권을 존중해야 한다는 것 등이다.[106] 이렇듯 점점 세勢를 잃어가고 있는 이해관계자 자본주의는 어쩌면 마이클 샌델이 《정의란 무엇인가》에서 역설한 '정의'와 맥락을 같이 하는 것이다.

> 정의로운 사회는 단순히 공리功利를 극대화하거나 선택의 자유를 확보하는 것만으로는 만들 수 없다. 좋은 삶의 의미를 함께 고민하고, 으레 생기기 마련인 이견을 기꺼이 받아들이는 문화를 가꾸어야 한다...사회적 행위를 시장에 맡기면 그 행위를 규정하는 규범이 타락하거나 질이 떨어질 수 있기에, 시장이 침입하지 못하도록 보호하고 싶은 비시장 규범이 무엇인지 물을 필요가 있다. 이를 위해서는 선의 가치를 측정하는 올바른 방법을 놓고 공개 토론을 벌여야 한다. 시장은 생산 활동을 조직하는 데 유용한 도구다. 그러나 사회제도를 지배하는 규범을 시장이 고쳐쓰기를 원치 않는다면, 시장의 도덕적 한계를 공론에 부칠 필요가 있다.[107]

---

106 Klaus Schwab(2019.12.1.), 'Why we need the 'Davos Manifesto' for a better kind of capitalism', World Economic Forum

107 마이클 샌델(2014), 김명철 옮김, 《정의란 무엇인가》, 와이즈베리

주주 가치만을 추구하는 시장의 폐해에 제동을 걸기 위해 언급되고 있는 이해관계자 자본주의는 샌델이 얘기하는 '공동선'을 추구하는 장치로 볼 수 있다. 여러 경제 주체 중 주주만을 중시하는 게 아니라 경제 전체를 '공동체'로 보고 '좋은 삶의 의미'를 함께 고민해 갈 수 있는 틀인 것이다.

이렇듯 해외에서는 이해관계자 자본주의에 대한 논의가 본격화되고 있지만, 국내에서는 아직 이 이슈가 제기되고 있지 않다. 하지만 멀지 않아 자본주의의 진로 수정 문제가 글로벌 무대에서 공론화될 것으로 보이는 만큼 한국 사회도 이 이슈에 대해 진지하게 고민할 때가 됐다. 기업의 목적에 관한 한 한국 경제는 외환위기 이전과 이후로 확연하게 구분된다. 외환위기 이전에는 국내 증시가 해외 자본에 덜 개방된 상태여서 적어도 주주만을 중시하는 기업 경영은 아니었다. 하지만 국가 부도의 위기에서 긴급자금 수혈을 받는 조건으로 강제된 자본시장 개방에 따라 해외자본이 물밀 듯이 들어오면서 한국 자본주의 자체가 신자유주의에 그대로 노출됐다. 이로 인해 기업들은 자본시장의 기대에 부응하는 이익을 올리기 위해 다른 목표를 하위에 두는 주주 중시 경영을 본격화했다. 그 폐해는 다른 나라에서처럼 양극화 및 불평등 심화, 단기 실적 중시로 인한 장기 비전의 부재, 기업가 정신의 약화 등으로 나타났다. 이제 한국 사회도 한국 자본주의가 앞으로 걸어가야 할 길이 어디인지를 놓고 심도 있는 고민과 논의를 시작해야 한다. 미국의 재계가 먼저 들고나온 이해관계자 자본주의는 '양손잡이 경영'으로 볼 수 있다. 기업 스스로가 '오른손'인 주주 가치와 '왼손'인 이해관계자 가치를 조화시키려 노력하는 경영이 이해관계자 자본주의의 핵심이기 때문이다. 이와 관련해 국내 일부 기업에서 보다 큰 시각의 사회적 책임을 강조하는 경영을 선도하고 있는 점은 바람직하다. SK그룹의 사회가치 경영과 포스코가 내건 '기업 시민'이 대표적 예이다. SK그룹의 사회 가치 경영의 기본 이념은 이해관계자 자본주의의 핵심과 맥락이 닿아 있다. '기업을 둘러싼 이해관계자의 행복이 기업의 목표이다''사회문제 해결에 기업이 적극 나서야 한다'는 생각이 바로 그것이다. 포스코의 '기업 시민'은 기업도 사회공동체의 일원으로서 사회문제 해결에 앞장서자는 게 핵심이다. 이를 위해 사업 파트너와 함께 가치를 만들어나가고, 더 나은 사회를 함께 만들며, 신뢰와 창의의 기업 문화를 만들어가는 것을 추구하고 있다. 이들 두 기업이 내건 새로운 가치가 실제 그대로 실행에 옮겨질 경우 새로운 바람을 불러일으킬 것으로 기대해본다. 하지만 이 또한 개별적 기업 차원에서 이뤄지는 것이어서 전체 기업에 적용되는 경영의 목적에 변화를 주기 위해서는 더 큰 범위의 논의 구조가 만들어져야 한다. 앞으로 정부와 기업, 학계는 해외의 논의 추이를 주시하면서 기업의 목적을 재검토함으로써 사회의 공동선과 같이 호흡하는 기업의 새로운 모습을 모색하는 일에도 적극적인 관심을 가져야 한다. '양손잡이 경제'와 '양손잡이 경영'은 양극화 및 불평등을 완화하면서 함께 성장하는 건강한 경제를 회복하는 길이다.

한국도 예외가 아니다

한국의 소득 불평등은 65세 이상의 고령층에서
더 심하게 나타난다. —OECD

지금까지 주로 미국을 중심으로 해외에서 진행되고 있는 양극화 심화 해소를 위한 부유세 논쟁, 자본주의 리셋 논의, 이해관계자 경영 모델의 선언 등을 소개했다. 글로벌 무대에서 앞으로 더 큰 논의 구조로 확장될 수 있고, 그에 따라 우리나라에도 영향을 미칠 수 있는 변수여서 잘 주시해나갈 필요가 있어 보인다. 특히 기업의 목적을 주주 중시에서 이해관계자 중시로 바꾸겠다는 미국 CEO들의 의지가 실제 실천으로 이어지면 기업 경영은 물론 경제 전반에 커다란 변화가 뒤따를 것으로 보여 정부, 정치권, 기업 모두 이 변화의 흐름을 주시해서 살펴봐야 한다. 무엇보다 이런 변화들이 큰 물줄기로 자리를 잡아가면 양극화 해소에 도움이 될 수 있어서이다.

양극화의 측면에서 우리나라의 상황은 어떨까? 언뜻 생각해 보면 신자유주의의 심장부였던 미국처럼 심하기야 할까 하고 짐작을 해보게 된다. 하지만, 자산이나 소득 같은 정량적 기준으로 보든 기회의 균등이라는 정성적 기준으로 보든 한국 사회도 양극화 심화라는 문제를 안고 있음은 부인할 수 없다.

한국, OECD 국가 중 소득 불평등 높은 편

먼저 〈그림1〉을 보면 OECD가 산출한 우리나라의 지니계수는 2017년 기준 0.35로 조사대상 39개 국가 중 9번째로 높다. 소득 불평등 정도가 상당히 높은 편에 들어간다. 우리나라보다 소득분포가 더 불평등한 나라는 영국, 미국, 멕시코, 칠레 등 8개국에 그치고 있다. 소득 불평등이 가장 덜한 나라는 슬로바키아(지니계수 0.24)이고 아이슬란드, 노르웨이 등 국가가 지니계수 수준이 양호하다. 김윤태 고려대학교 교수가 2019년 3월 국회입법조사처에서 열린 '한국 사회의 불평등은 얼마나 심각한가'를 주제로 한 정책토론회에서 발표한 내용을 보면, 우리나라의 2015년 지니계수는 0.295로 OECD 30개 회원국 가운데 17번째로 낮고 OECD 평균 0.314보다 낮은 수준이었다.[108] 하지만, OECD가 2015년부터 자영업자들이 자기 소비를 위해 생산한 제품을 가계 소득에

108 김윤태(2019.3), '왜 불평등이 문제인가? 불평등의 현황과 원인', 국회입법조사처

포함하는 등 통계 기준을 바꾸자 지니계수가 2015년~2017년의 기간 동안 0.35의 높은 수준을 보이면서 소득분포가 크게 불평등한 국가군에 들어가게 됐다. 통계 작성이 현실화하면서 소득 불평등의 실상이 드러난 것이다. 통계청과 한국은행 등이 실시한 '2019년 가계금융복지조사 결과'에서는 균등화 처분가능소득[109]을 기준으로 한 근로 연령층의 지니계수는 0.325, 은퇴 연령층의 지니계수는 0.406으로 전년보다 각각 0.012, 0.013 줄어든 것으로 나타났다.[110] 분배 구조가 다소 개선 조짐을 보이는 것은 다행스러운 일이지만 아직 지니계수의 절대 수준이 높아 소득 불평등은 여전하다고 할 수 있다.

또 OECD가 지난 2016년 산출한 앳킨스 지수(사회구성원이 분배상태에 얼마나 만족하는지, 불평등을 얼마나 심각하게 여기는지 등 주관적 가치판단을 반영해 불평등을 측정하는 지수)는 우리나라가 0.32로 조사 대상 33개국 중 4번째로 소득 불평등 정도가 심했다.[111] 특히 우리나라의 소득 불평등은 65세 이상의 고령층에서 더 심하게 나타난다. OECD가 작성한 〈그림 2〉를 보면, 65세 이상 고령층의 지니계수는 우리나라가 OECD 평균치를 상회함은 물론 조사 대상 34개국 중 네 번째로 높다. 전체 지니계수가 상위 9위인데 비해 65세 이상 고령층 지니계수가 이보다 높은 상위 4위이니 고령층의 소득 불평등이

---

109 처분가능소득 = 시장소득 + 공적 이전소득 - 공적 이전지출
110 통계청·금융감독원·한국은행(2019), '2019년 가계금융복지조사 결과'
111 경향신문(2016.2.12.), '한국 불평등 OECD '4위''

더욱 심한 상태임을 보여주고 있다. 고령층의 소득 불균등이 유독 심한 것은 이 연령층 인구의 빈곤율이 다른 나라보다 더 높은 데 따른 것이다. 상대적으로 가난한 고령층이 많아 소득분포가 더 불균등하게 나타나고 있다. 〈그림3〉은 연령대별로 상대적 빈곤율(전체 인구 중 빈곤 위험에 처한 인구의 비율로 중위 소득의 50% 이하 인구의 비율)을 보여주고 있다. 우리나라는 18세~25세의 상대적 빈곤율은 높지 않은 편이지만 66세~75세와 76세 이상 연령층의 빈곤율은 조사 대상 국가 중 가장 높다. 특히 76세 이상의 상대적 빈곤율은 현격히 높은 상태이다. 전반적인 소득 불균형도 다른 나라에 비해 심한데 고령층은 그 정도가 더욱 나쁜 것으로 나타나 가난한 고령층에 대한 복지 지원의 중요성을 말해주고 있다.

〈그림2〉 65세 이상 고령층 지니계수 현황

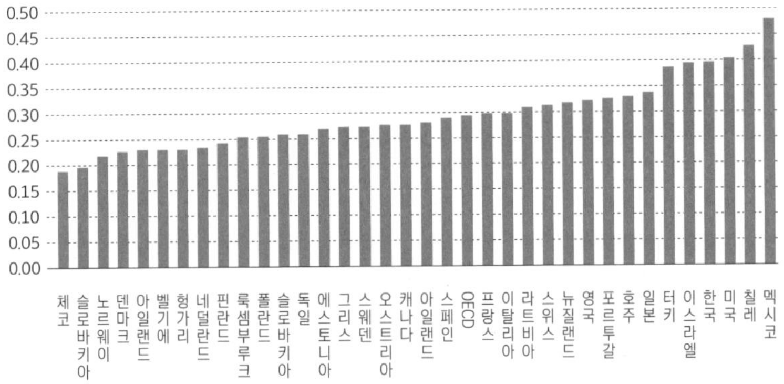

주) 자료: OECD, 국가별로 2014 또는 최근 자료

〈그림3〉 연령대별 상대적 빈곤율 현황

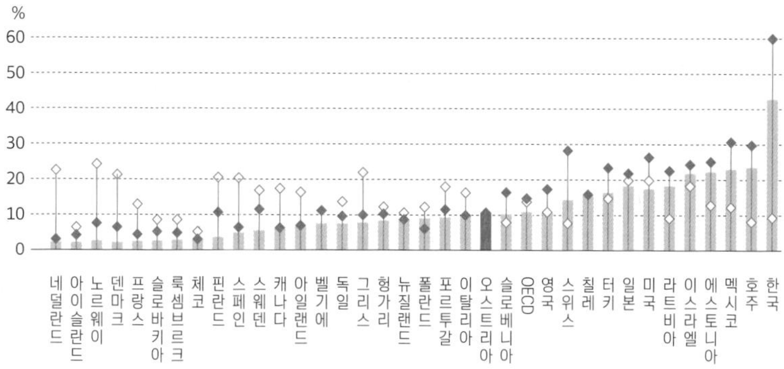

주) 자료: OECD, 국가별로 2014 또는 최근 자료 ■ 66~75세 ◇ 18~25세 ◆ 76세 이상

더 심한 자산 양극화

양극화의 정도는 소득보다는 자산이 더 심한 상태이다. 자산은 상속과 오랜 기간 누적된 소득 불평등을 반영하고 있기 때문이다. 2019년 가계금융복지 조사결과를 보면, 순자산 지니계수는 0.597로 일년 전보다 0.009가 상승해 자산 양극화가 더 심화된 것으로 나타났다. 특히 순자산 지니계수 0.597은 가처분소득 지니계수인 0.3~0.4 보다 크게 높아 자산의 양극화가 소득보다 더 심각한 상태임을 보여주고 있다. 순자산 점유율을 보면 10분위가 43.3%로 2018년의 42.3%보다 1.0%포인트가 증가한 데 비해 1분위는 −0.3%로 부채가 자산보다 많은 상황이다. 또 8~10분위의

자산 점유율은 73.9%에 달해 이들 상위 계층이 자산 대부분을 보유하고 있다. 자산을 부동산과 금융자산으로 나눠보면 어떤 결과가 나올까? 보건사회연구원이 2014년 가계금융·복지조사를 토대로 분석한 결과를 보면 금융자산은 상위 20%가 63.8%를 가지고 있는 반면 하위 20%는 0.8%에 그쳤다. 부동산 자산의 경우는 상위 20%가 66.1%를 가지고 있는 데 비해 하위 40%는 2.2%에 불과했다. 이에 따라 금융자산 지니계수는 0.5839, 부동산 자산 지니계수는 0.6608로 부동산 자산이 금융자산보다 더 불평등하게 분배돼있는 것으로 나타났다.[112]

한국 사회가 안고 있는 더 큰 문제는 계층이동의 사다리가 협소해져 빈곤의 대물림이 이어지고 있다는 점이다. 부모가 가난하면 그 자식도 가난할 가능성이 큰 사회가 됐다는 얘기다. 중앙일보의 '2019 빈곤 리포트'를 보면 조사 대상 기초생활 보장 수급자 130명 중 절반인 65명이 청소년 시절 부모가 하위 계층에 속했다고 응답했다. 특히 지금보다 생활 수준이 나아질 가능성이 있다고 여기는 사람은 26.2%에 그쳤다. 가난에서 벗어날 희망 없이 살아가고 있는 기초생활 보장 수급자가 4명 중 1명꼴인 셈이다.[113]

자본주의 사회에서 어느 정도의 불평등은 불가피하다. 기회와 과정이 공정했다면 결과의 불평등은 용인될 수 있다. 하지만

112 남상호(2015.4.6.), '우리나라 가계 소득 및 자산분포의 특징', 한국보건사회연구원
113 중앙일보(2019.1.30.), '대물림되는 빈곤...극빈층 10명 중 4명"조부모 대부터 가난"'

기회와 과정 자체가 불공정해서 빚어지는 결과의 불평등에 대해서는 기회와 과정의 불평등을 해소하는 노력이 필요하다. 특히 양극화 심화, 고령층의 심각한 빈곤, 협소해진 계층이동 사다리 등은 해외에서 보듯 사회불안과 민주주의의 위기를 가져올 수 있다. 불평등 지수가 최소한 OECD 평균치 밑으로는 내려가야 하지 않겠는가.

더 심한 불평등이 온다

앞으로 인공지능이 기존의 사회 질서와 경제 구조를 완전히 파괴하고
수십억 명의 사람을 노동시장에서 퇴출해
대규모 무용 계급을 만들어 낼지 모릅니다. —유발 하라리

아리스토텔레스는 모든 필요한 일이 '기계 노예들'에 의해 수행되고, 인간은 자유로운 삶을 살게 될 것이라고 아주 오래전 예측했다.[114] 사람의 일을 대신하는 기계의 등장을 예측한 그의 선견先見이 놀랍다. 하지만 그가 예측하지 못한 미래는 기계의 등장에도 불구하고 인간의 삶은 그다지 자유롭지 못하며, 인간의 노예가 될 것이라던 기계는 오히려 인간의 삶을 좌지우지할 정도의 위치에 올라섰다는 점이다.

114 Robert Skidelsky(2019.2.21.), 'The AI Roda to Serfdom', Project Syndicate에서 재인용

세계는 현재 4차산업혁명의 한복판에 있다. 멀지 않아 기계가 알아서 차를 운전하고 사람은 차 속에서 하고 싶은 일을 할 수 있는 자율주행 시대가 열리고 만화영화에서나 상상해 온 날아다니는 자동차도 현실로 눈 앞에 펼쳐질 전망이다. 아침에 눈을 뜨고 일어나면 음성비서는 집주인의 취향에 맞는 음악을 들려주고, 정수기는 스스로 필터를 교체할 때를 알고 정수기 회사에 필터 주문을 한다. 도시는 스마트시티로 변신해 가로등은 사람이나 차량이 지나갈 때만 점등해 전기가 절약되고, 길거리의 쓰레기통은 쓰레기가 찰 때쯤이면 쓰레기를 수거해가라는 신호를 지자체의 관련 부서에 보낸다. 3D 프린팅의 발달로 문제가 생긴 장기는 인공 장기로 교체해 인류가 '호모사피엔스'에서 '사이보그'로 종이 바뀌게 될 것이란 예측도 있다. 100세 시대를 맞이하기도 벅찬 형편인데 유전자 치료 등 의료기술의 발달로 200세 시대가 열릴 수 있다는 성급한 전망까지 나오고 있다. 독일의 시사잡지 슈피겔의 토마스 슐츠 실리콘밸리 편집장은 저서 《200세 시대가 온다》에서 수명 연장을 위한 의료계의 연구 현황과 전망을 전한다. 그는 지금과 같은 기술 개발 속도라면 인간의 평균 수명은 120세를 훌쩍 넘길 것이라면서 인간이 수명이 더 나아가 200세까지 늘어날 것이라는 전망치인지 목표치인지 알 수 없는 실리콘밸리의 의욕을 소개한다. 인간의 수명이 예상보다 더 빨리 더 길어질 것으로 보는 이유는 유전자 분석 및 치료 기술의 발달 때문이다. 유전자 분석은 미래에 암 등 질병이 생길 가능성을 미리 알려줘 사전 예방을 가능하게 해준다. 영화배우 안젤리나 졸

리가 유전자 분석을 통해 암 발병 가능성이 크다는 분석 결과를 받아들이고 예방 차원에서 양쪽 유방을 절개하는 수술을 받은 것을 잘 알려진 얘기이다. 설사 암에 걸리더라도 유전자 치료를 통해 고칠 수 있다는 낙관적 전망도 나오고 있다. 또 노화로 문제가 생긴 장기는 바이오프린터로 찍어낸 인공 장기로 바꾸면 되는 시기도 올 전망이다. 《200세 시대가 온다》가 그리는 미래는 암을 치료하고, 인공 장기를 만들어 내고, 뇌를 기계와 연결해 '슈퍼인간'으로 업그레이드하는 세계이다.[115]

산업의 전 분야에서 빠르게 진행되고 있는 4차산업혁명의 큰 물결은 아리스토텔레스의 예측처럼 인간에게 풍요롭고 자유로운 미래를 가져다줄 것인가 아니면 인간의 일이 기계에 의해 대체돼 인간이 무력화되는 현실을 가져다줄 것인가. 이를 놓고 상반된 시각이 존재한다. 실리콘 밸리를 중심으로 한 기술중시론자들은 그동안의 산업혁명이 새로운 일자리를 많이 만들어 내 경제 성장과 생활 수준 향상에 이바지했듯이 이번 4차산업혁명도 같은 결과를 가져올 것이라고 낙관하고 있다. 세계경제포럼 WEF가 비농업 부문의 글로벌 대기업을 대상으로 추정한 결과를 보면 2022년까지 기술 발달로 7,500만 개의 일자리가 사라지는 데 비해 1억 3,300만 개의 일자리가 새로 생겨 5,800만 개의 일자리가 순증하는 것으로 예측됐다.[116] WEF의 이 연구는 2022년에 전체

115 토마스 슐츠(2019.9.), 강영옥 옮김, 《200세 시대가 온다》, 리더스북
116 World Economic Forum(2018), 'The Future of Jobs Report'

업무 중 절반 이상의 일을 기계가 하게 될 업무로 정보 및 데이터 가공, 정보 탐색과 수집 등을 든 반면 추론과 의사 결정, 경영 및 자문, 커뮤니케이션 등은 여전히 사람이 주로 맡게 될 일로 내다봤다.

"단기적으로 자동화로 인한 일자리 감소 폭은 9~47%"

필자는 4차산업혁명의 일자리 창출효과가 일자리 파괴의 부작용보다 클 것이라는 낙관적 전망에는 동의하지 않는다. 4차산업혁명은 18세기 후반에 일어난 산업혁명과 다르다고 보기 때문이다. 예컨대 당시는 산업혁명의 결과 새로 생긴 제조업의 인력 수요가 커서 일자리를 잃은 농민들에게 새로운 일자리를 많이 제공했다. 특히 제조업 공장에서 요구하는 기능은 대부분 단순 노동이어서 농민들의 새 직업 적응도 그다지 어렵지 않았다. 하지만 지금은 다르다. 우선 사람의 일자리를 없애는 기계의 공세가 우려스럽기만 하다. 실제로 2018년 1월에 문을 연 아마존의 무인 매장 아마존 고amazon go를 보자. 슈퍼마켓과 비슷한 이 매장은 말 그대로 아예 사람을 쓰지 않는 매장이다. 아마존이 내건 'Just Walk Out Shopping그냥 걸어서 나가는 쇼핑'이란 말처럼 이 매장에서는 곳곳에 설치된 카메라와 센서들이 고객의 QR코드를 읽어 누가 무슨 물건을 얼마만큼 사 가는지를 실시간으로 파악한다. 고객은 아마존 고에 들어왔다가 필요한 물건을 골라 가지고 나가기만 하면 자동으로 아마존 앱에서 결제가 이뤄진다. 이런 식의 무인 매장은 더욱 확산할 전망이어서 유통업에서의 대량 실업이 우려되고 있다. 여행사 직원의 경우를 보자. 지난 1990년에 미국에는 27만여 명의 여행사 직원이 일하고 있었다. 이들은 고객들이 여행 계획을 짜고, 비행기나 열차표, 그리고 숙소를 예약하는 일을 도와주었다. 지금 상황은 어떨까? 무려 21만 명의 여행사 직원 일자리가 카약, 익스피디아, 프라이스라인이라는 이름이 붙은 로봇에 의해 대체됐다. 여행사 직원 5명 중 4명이 일자리를 잃는 대량 실업이 발생했다. 정보통신기술의 발달은 금융업 일자리 어떤 영향을 미치고 있을까? 짐작하는 대로다. 각종 금융거래의 주 무대가 오프라인 점포에서 온라인으로 옮겨가면서 금융기관 점포는 물론 직원 수가 크게 줄어들고 있다. 우리나라 금융권 취업자 추이를 보면 지난 2015년의 87만 2,000명에서 2018년에 83만 1,000명으로 줄어든 데 이어 2019년 9월 현재 80만 9,000명으로 계속 감소하고 있다. 업종별로 보면 2015년에서 2018년 사이에 은행 임직원이 1만 4,000명이 줄어들었고, 보험설계사가 1만 5,000명, 카드모집인이 9,000명 각각 감소했다.[117] 금융권 취업자들도 정보통신기술 발달의 직격탄을 맞고 있다. 그런데 미국 은행에서는 우리나라와 다른 현상이 나타나고 있다. 미국 전역에는 50만 개가 넘는 ATM 기기가 설치돼 있고 모바일 뱅킹도 활성화돼있다. 이에 따라 은행 점포와 직원들이 크게 줄어들

117 금융위원회(2019.11.), '금융환경의 변화와 금융업 일자리 대응 방향'

었을 것으로 생각하기 쉽다. 하지만 실제 상황은 예측과 판이하다. 2017년 기준으로 은행 점포 수는 지난 2000년보다 18%나 많다. 이들 점포에서 일하는 은행 직원 수는 2018년에 47만 2,000명인데 이는 2000년 이후 10%나 늘어난 수준이다. 왜 이런 현상이 나타나고 있을까? 브루킹스 연구소는 "은행 직원이 ATM의 기능을 보완해주고 개선하는 역할을 하고 있기 때문"이라고 분석한다.[118] 사람과 기계가 협업하면서 더 좋은 서비스를 제공하는 구조여서 은행 직원 수가 줄어들지 않았다는 얘기다. 앞으로 이런 추세가 계속될지는 지켜봐야 하겠지만 사람과 기계의 공존이 가능하다는 것을 보여주는 신선한 사례이다. 하지만 미국 은행업의 경우는 예외적인 사례이고 앞으로 정보통신과학기술의 발달이 계속되면서 각 산업에서 일자리는 계속 줄어들 것으로 보인다. 문제는 기술 발달의 여파로 제조업 등 전통산업에서 일자리를 잃은 근로자가 새로운 일자리를 찾는 게 현실적으로 어려울 것이라는 데 있다. 제조업에서 실직한 근로자가 어느 날 갑자기 소프트웨어 엔지니어나 데이터분석가, VR 전문가 등 고도의 전문성이 요구되는 직종으로 전직한다는 것은 상상하기 어렵다. 이게 18세기 후반의 산업혁명과 다른 점이다. 게다가 테크기업은 제조업 등 전통 산업과 달리 사람을 많이 쓰지 않는다. 스터티스타가 2018년 고용 근로자 기준 세계 50대 기업(표3)을 집계한 것을 보면, 구글, 페이스북 등 IT 기업은 이름조차 볼 수가 없다. 근로자

118 Brookings(2019.10.30.), 'Not all robots take your job, some become your co-worker'

를 많이 고용하고 있는 기업들은 대부분 제조, 유통, 통신 등 전통 기업이다. 64만 7,500명의 근로자가 일하고 있는 아마존이 7위에 오른 게 눈에 띄는데 이는 물류망을 운영하고 있어서이다. 대표적 테크기업인 알파벳의 경우 2019년 1분기 현재 직원 수는 10만 3,469명, 페이스북은 3만 7,700명에 그치고 있다. 또 애플은 13만 2,000명, 마이크로소프트는 13만 1,000명 수준이다. 근로자 수 기준 세계 1위인 월마트가 220만 명을 고용하고 있는 것과 비교하면 테크기업들의 고용은 '새 발의 피'에 불과하다.

이런 상황 속에서 기술이 가져올 대량 실업을 경고하는 전문가들의 목소리는 곳곳에서 들리고 있다. 영국 워윅Warwick대학교의 로버트 스키델스키 교수는 프로젝트 신디케이트에 기고한 칼럼에서 "단기적으로 자동화로 인한 일자리 감소 폭은 9~47%로 추정된다"며 일자리 자체가 불안정해지고 있다고 강조했다.[119] 지난 2013년에 옥스퍼드 대학의 경제학과에서 나온 논문은 기계가 사람하고 비슷한 수준으로 정보를 처리한다고 했을 때 노동시장에서 어떤 일이 벌어지는지를 시뮬레이션을 했는데 미국에서는 직업 자체가 47%가 사라질 것으로 예측했다.[120] 일자리가 아니라 직업이 절반 가까이 없어진다는 것이다. 과학기술의 발달이 가져올 대량 실업에 대해 가장 큰 목소리로 경고하고 있는 대표적인 학자는 《호모 사피엔스》의 저자 유발 하라리이다. 그는 대담집인

119 Robert Skidelsky(2019.2.21.), 'The AI Road to Sefdom', Project Syndicate
120 김대식(2016.4.), 《김대식의 인간 vs 기계》, 동아시아에서 재인용

〈표3〉 종업원 수 기준 세계 50대 기업(2018년)

(단위: 명)

기업	인원	기업	인원
Walmart	2,200,000	China National Petroleum	1,382,401
China Post Group	935,191	State Grid	917,717
Hon Hai Precision Industry	667,680	Volkswagen	664,496
Amazon.com	647,500	Sinopec Group	619,151
Compass Group	595,841	U.S. Postal Service	565,802
Huaxia Life Insurance	500,000	Deutsche Post	499,018
Agricultural Bank of China	477,526	Jardin Matheson	469,000
Gazprom	466,100	China Mobile Communications	462,046
Accenture	459,000	Kroger	453,000
Industrial & Commercial Bank of China	449,296	Aviation Industry Corp. of China	446,613
China Resources	421,274	Home Depot	413,000
Bosch Group	409,881	China Telecommunications	403,014
Berkshire Hathaway	389,000	Pacific Construction Group	387,525
IBM	381,100	Siemens	379,000
Ping An Insurance	376,900	Edeka Zentrale	376,000
Toyota Motor	370,870	China Construction Bank	366,996
UPS	364,575	Carrefour	363,862
Target	360,000	FedEx	359,530
China Railway Construction	356,326	Auchan Holding	340,577
China Energy Investment	338,472	Tesco	321,490
Deutsche Bahn	318,528	EXOR Group	314,790
Bank of China	310,119	Samsung Electronics	309,630
Nestle	308,000	Rosneft Oil	308,000
Nippon Telegraph & Telephone	303,351	State Construction Engineering	302,827
UnitedHealth Group	300,000	CK Hutchison Holdings	300,000

(자료: statista)

《초예측》에서 "앞으로 인공지능이 기존의 사회 질서와 경제 구조를 완전히 파괴하고 수십억 명의 사람을 노동시장에서 퇴출해 대규모 무용 계급을 만들어 낼지 모릅니다"라고 경고한다.[121] 실제로 전 세계적으로 자동화로 인해 일자리가 위협받고 있는 근로자는 2017년 기준으로 모두 2억 7,000만 명이며 이중 여성은 전체 여성 근로자의 20%인 1억 700만 명, 남성은 남성 근로자의 21%인 1억 6,300만 명이라고 맥킨지는 추산했다.[122] 근로자 5명 중 1명의 일자리가 자동화로 인해 상실될 위기에 직면한 것이다. 유발 하라리는《21세기를 위한 21가지 제언》에서는 이 문제를 심층적으로 진단한다. 그의 주장에 따르면 정보기술과 생명기술이 융합되면서 AI는 직관이 필요해 인간이 더 잘할 수 있다고 생각해온 일에서 인간을 능가할 수 있다. AI의 가장 큰 무기는 연결성과 업데이트 가능성이다. 예컨대 AI 의사는 언제 어디에서든 네트워크에 연결돼 쏟아져 나오는 최신 의료정보를 순식간에 업데이트해 인간 의사를 전문성 면에서 쉽게 능가할 수 있다. 이에 따라 새로운 암 치료같이 복잡한 일은 사람의 몫으로 남을 수 있지만, 두통이나 감기를 진단하는 일은 수년 안에 인공지능이 훨씬 더 잘 수행할 수 있다는 것이다. 하라리의 결론은 결국 어떤 일자리도 어떤 직업도 자동화의 위협으로부터 절대적으로 안전한 상태로 남아있지 못할 것이라는 경고이다.[123] 전문직이라고 안전

121 유발 하라리, 제레드 다이아몬드 외(2019.2.), 오노 가즈모토 엮음, 정현옥 옮김,《초예측》, 웅진지식하우스

122 McKinsey & Company(2019.12.), 'Ten highlights from our 2019 research'

123 유발 하라리(2018.9.), 전병근 옮김,《21세기를 위한 21가지 제언》, 김영사

하지 않다는 얘기다. 그동안 우리는 그래도 창의력과 혁신, 통찰이 필요한 전문적인 일들은 사람이 기계보다 더 잘할 것이라는 암묵적 안도감을 가져왔다. 하지만 리처드 서스킨드와 대니얼 서스킨드는《4차 산업혁명 시대, 전문직의 미래》에서 이 안도감마저 깨트려버린다. 그들은 주장한다. "점점 유능해지는 기계는 인공지능이나 빅데이터 기법 또는 아직 고안되지 않은 어떤 기술을 사용해 창의적·혁신적이라고 인간에게 인정받을 결론에 도달하거나 조언을 제공하게 될 것이다""기계가 점점 유능해짐에 따라 인간 전문가가 독점하던 영역은 꾸준히 줄어들 것이라고 우리는 주장한다".[124]

일자리의 분극화 현상

지금까지는 향후 우려되는 대량 실업에 대한 전문가들의 경고와 전망을 소개했다. 현재 실재 현장에서는 어떤 일이 벌어지고 있을까. 어떤 일이 자동화에 의해 빠르게 대체되고 어떤 일이 아직은 안전지대에 있을까. 이런 질문에 대해 통찰력 있는 결과를 제시한 연구를 소개한다. 취리히대학의 니르 자이모비치 교수와 브리티시 콜롬비아대학의 헨리 슈 교수는 '자동화와 다른 형태의 IT가 중산층에 미치는 영향'이라는 주제의 논문을 최근 발

124 리처드 서스킨드·대니얼 서스킨드(2016), 위대선 옮김,《4차 산업혁명시대, 전문직의 미래》, 와이즈베리

표했다. 이 논문에 따르면 기술 발달에 따라 노동시장에서 '일자리의 분극화 현상polarization'이 일어나고 있다. 임금 수준을 기준으로 근로자들을 줄을 세운다면 양쪽 끝에 있는 저임금 근로자와 고임금 근로자의 고용은 늘어나고 있는 데 비해 '중간 수준 임금' 근로자들이 집중적으로 자동화의 영향을 받아 줄어들고 있는 것으로 나타났다. 왜 이런 일이 일어나고 있을까? 먼저 고임금 일자리는 경영, 전문직, 기술직 등으로 전문성이 요구되는 일자리여서, 그리고 저임금 일자리는 다른 사람을 돌본다거나 직접 손을 써서 하는 일이어서 기계가 대체하기가 어렵다. 이에 비해 중간 수준 임금 일자리는 잘 정의된 지침과 절차에 따라 반복적으로 이뤄지는 일상적인 일이어서 자동화의 영향을 가장 크게 받고 있다. 여기에서 말하는 고임금 일자리는 자산운용 전문가, 소프트웨어 엔지니어 등이고, 저임금 일자리는 간병인 등으로 직업의 성격상 기계가 사람을 대신하기 어려운 일자리이다. 이에 비해 기계가 쉽게 대체할 수 있는 중간 수준 임금 일자리는 비서, 행정보조, 사무원, 여행사 직원, 데이터 입력 요원 등 일상적이고 반복적인 일을 하는 자리이다. 실제로 2002년~2017년의 기간 동안 고임금 일자리는 14.2%, 저임금 일자리는 10.4% 늘어난 데 비해 중간 임금 일자리는 13.5%가 감소했다. 문제는 중간 수준 임금 일자리가 전체 일자리에서 차지하는 비중이 절반 정도라는 데 있다. 작지 않은 비중의 근로자가 기계에 밀려 일터를 떠난 것이다.[125] 런던경영대학원의 린다 그래튼 교수와 앤드루 스콧 교수도 《100세 인생》에서 비슷한 맥락의 얘기를 하고 있다. 1979년 이후 미국에서 숙련 노동자와 비숙련 노동자 고용은 모두 증가했으나, 반숙련 노동자 고용은 감소했다. 반숙련 노동을 요구하는 수많은 일자리는 인지적이든 신체적이든 반복적인 과제들로 이뤄져 있어 컴퓨터와 로봇이 대체하기 쉽다. 이들 연구는 자동화가 가져오는 고용 충격이 어떤 계층에 집중되고 있는지를 잘 보여주고 있다는 점에서 의미가 있다. 하지만 앞에서 여러 전문가의 의견을 소개했듯이 앞으로 AI 등 기술이 고도화될수록 기계가 차지하는 일자리는 고임금과 저임금 일자리로도 확산할 가능성이 있다.

그렇지 않아도 양극화 심화가 글로벌 경제의 가장 큰 문제 중 하나로 떠오른 상황에서 진행되고 있는 '기계의 인간 대체'는 양극화를 더욱 악화시킬 것으로 우려된다. 앞에서 소개한 연구 결과 대로 중산층의 일자리가 자동화로부터 가장 큰 타격을 받고 있기 때문이다. 게다가 과학기술의 발달은 신기술의 혜택을 받는 일부 기업과 전문가들에게 더욱 큰 소득과 자산을 집중시킬 것으로 보인다. 더 불평등한 세상이 다가오고 있다. 《슈퍼인텔리전스》의 저자 닉 보스트럼이 경고한 '초지능에 의한 인류 멸종'의 시나리오[126]는 더 두려운 미래이지만 아직은 실감이 나지 않고 무

---

125 Nir Jaimovich·Henry E. Siu(2019.11.), 'How Automation and other forms of IT affect the middle class:Assessing the estimates', Brookings

126 닉 보스트롬(2017.4), 조성진 옮김, 《슈퍼인텔리전스》, 까치

엇을 어떻게 해야 할지 현실적 감각을 갖고 대응책을 생각하기는 쉽지 않다. (닉 보스트롬이 인공지능 전문가들을 대상으로 설문 조사를 한 결과, 기계 지능이 인간 지능을 능가하는 초지능이 2년 이내에 현실화할 가능성은 10%, 30년 이내는 70%로 나타났다) 하지만 기술 발달이 가져오는 대량 실업에 따른 심각한 양극화는 사회 안정과 통합성 제고, 그리고 각 계층의 '경제하려는 의지' 등을 위해 지혜롭게 그 완화 방안을 마련해나가야 한다.

기술이 파괴적인 수준으로까지 가지 않도록 기술을 통제해야 한다는 논의도 활발하게 이뤄지고 있다. 인공지능은 한 번 개발되면 거꾸로 되돌릴 수 없는 만큼 초기에 인류의 보편적 가치와 윤리에 부합되게 만들어야 한다는 주장이 제기되고 있다. 이 분야의 선구자는 공상과학 소설가인 아이작 아시모프이다. 그는 1942년에 쓴 소설《런어라운드》에서 '로봇 3원칙'을 제시한다. 그 내용은 다음과 같다.

1. 로봇은 인간에 해를 끼쳐서는 안 된다. 또는 아무것도 안 함으로써 인간을 위험에 방치해서도 안되다.
2. 제1 원칙에 위배되지 않는 한 로봇은 인간의 명령에 복종해야 한다.
3. 제1 원칙과 제2 원칙에 위배되지 않는 한 로봇은 자신을 지켜야 한다.

1940년대 초에 이런 원칙을 창안한 아시모프의 상상력이 대단하다. 아시모프가 80년 전에 로봇 통제를 생각한 것은 로봇의 부작용에 대해 우려했기 때문이다. 그 우려가 현실이 된 지금, 인공지능이 가져올 부정적 파장을 통제할 필요성이 커지고 있다. 이를 반영해 경제협력개발기구(OECD)는 2019년 5월 처음으로 '인공지능에 대한 OECD 원칙'을 승인했다. 이 원칙에는 OECD 회원국은 물론 아르헨티나, 브라질, 콜롬비아 등 비원국도 서명해 인공지능 통제에 대한 국제적 공감대가 형성돼가고 있음을 보여주었다. OECD는 인공지능 원칙은 인공지능이 인권과 민주적 가치를 존중할 것을 기본적으로 강조하고 있다. 상세한 내용은 아래와 같다.

〈OECD **인공지능 원칙**AI Principles〉

- 인공지능은 포용적 성장, 지속 가능한 개발과 복지를 가져옴으로써 사람과 지구를 이롭게 해야 한다.
- 인공지능 시스템은 법률, 인권, 민주적 가치들과 다양성을 존중하는 방식을 설계해야 한다. 또 공정하고 정의로운 사회를 만들기 위해 필요할 경우 사람의 개입을 허용하는 등 적절한 안전조치를 포함해야 한다.
- 사람들이 인공지능이 가져온 결과를 이해하고 이에 도전할 수 있도록 하기 위해 인공지능 시스템에 대해 투명하고 책임 있는 정보 공개가 이뤄져야 한다.

- 인공지능 시스템은 생애 주기 동안 건전하고, 안전한 방식으로 기능해야 한다. 또 잠재적 리스크가 지속적으로 평가되고 관리돼야 한다.
- 인공지능 시스템을 개발, 배치, 운영하는 기관이나 개인들은 위에서 언급한 원칙들에 맞게 적설하게 운영돼야 한다.

기술의 부정적 측면에 대한 우려와 통제의 필요성이 제기되는 다른 한 편에서는 기술을 선용하면 기회의 격차를 줄 일 수 있다며 긍정적 측면을 강조하는 의견도 제시되고 있다. 콜롬비아 비즈니스 스쿨의 샹진 웨이 교수는 기술이 이렇게 사용된 사례로 중국을 들고 있다. 예컨대 이커머스의 발달로 지방에 있는 중국의 중소기업들이 북경과 상해 등 대도시에서 물건을 팔 수 있고, 핀테크를 활용해 현금 사정과 고객의 평가 등만으로도 자금을 빌려쓸 수 있어 공정한 기회가 제공되고 있다는 것이다.[127]

4차산업혁명은 거부할 수 없는 기술 발달의 큰 흐름이다. 치열한 글로벌 경쟁에서 뒤처지지 않기 위해 정부와 기업들이 합심해 기술 강국으로 치고 나가기 위한 노력을 계속해나가야 한다. 소비자 관점에서 볼 때도 정보통신과학기술의 발달은 아주 편리한 세상을 열어줄 것이다. 하지만 정작 소비자 자신의 일자리가 없어지거나 소득이 줄어든다면 기술이 가져올 미래는 축복이 아

127 Shang-Jin Wei(2019.11.6.), 'Using Digital Technology to Narrow the Opportunity Gap', Project Syndicate

니라 재앙일 수도 있다. 근로자를 거의 찾아볼 수 없는 아마존 고나 아디다스의 신발 제조 공장, 금융권에서 쏟아져나오는 실직자의 행렬을 보면, 또 인간보다 똑똑해질 인공지능의 미래를 보면 대량 실업에 대한 우려가 단지 우려에 그치지 않고 현실화할 가능성이 크다. 더 큰 불평등이 다가올 미래. 우리나라도 예외는 아닐 것이다. 이에 따라 기술 발달을 사회경제적 공동체를 깨트리지 않아야 하는 필요성과 조화시키고 뒤처지는 사람들을 포용하며 양극화와 불평등을 해소하는 방안에 대해서도 사회적 공감대가 형성돼야 한다.

디지털 독과점의 심각성

구글, 페이스북, 아마존같이 강한 브랜드와 대규모 이용자를 보유한 테크기업들이 은행업에 진출할 것이며 여기에 대비돼있지 않은 은행들은 소멸할 것이다. —스페인의 금융그룹 BBVA의 CEO 프란시스코 곤잘레스

디지털 혁신의 바람이 사회와 경제 전반을 크게 바꾸어 놓고 있다. 전통산업은 사라지거나 뒷방으로 밀리고 새로운 디지털 산업이 주역으로 부상했다. 미디어도 예외가 아니다. 신문과 지상파 방송 등 전통 미디어는 시간이 갈수록 독자나 시청자의 관심권에서 멀어지고 있다. 온라인과 모바일, 유튜브 등을 무대로 디지털 미디어들이 주력 미디어로 성장해가고 있다. 그런데 2019년 초에 미국 미디어 업계에서 이 흐름에 역행하는 움직임이 나타나 많은 사람을 어리둥절하게 했다. 디지털 미디어의 선두주자로 주목을 받던 미디어들이 갑작스럽게 감원 계획을 발표했다. 버즈피드의 창업자 요나 페레티는 직원들에게 보낸 이메일에서 전체

직원의 15%인 250명을 줄이겠다고 발표했다. 비슷한 시기에 버라이즌은 허프포스트와 야후, AOL이 포함된 미디어사업부에서 800명을 감원하겠다고 밝혔고, 워너미디어는 워너미디어 인베스트먼트의 문을 닫았다. 촉망받던 디지털 미디어의 고전은 무슨 이유 때문일까. 이 질문에 대한 답은 디지털 광고 시장의 심각한 독과점에 있다.

아이러니한 점은 디지털 광고 시장이 침체여서 이들 디지털 미디어가 경영난을 겪고 있는 게 아니라는 것이다. 이마켓터에 따르면 2019년은 미국 미디어 시장에서 디지털 광고가 전통 미디어 광고를 추월하는 첫해로 기록될 것으로 보였다. 특히 디지털 광고는 2019년의 1,290억 달러에서 2021년에는 1,720억 달러로 크게 증가할 것으로 전망됐다.[128] 미디어의 주 수입원인 광고 시장이 이렇게 호황인데도 버즈피드 같은 디지털 미디어들이 뒷걸음질하고 있는 것은 바로 구글과 페이스북 때문이다. 이 두 테크기업이 가져가는 디지털 광고 물량이 전체의 58%에 이르고 있다. 여기에 아마존이 가세해 4%의 광고를 차지했다. 이러다 보니 38%의 남은 물량을 놓고 디지털 미디어와 신문 등 전통 미디어가 경쟁하는 형국이 되고 말았다. 구글과 페이스북의 광고 독과점 탓에 디지털 미디어의 파이가 줄어들게 된 것이다.

---

128 Editor & Publisher(2019.8.8.), 'Digital Media Meltdown: What does the Future of News Look Like Now?'

테크 대기업의 독과점 구조가 미치는 부정적 파장은 미디어 업계에 그치지 않고 있다. 혁신으로 성장한 테크 대기업들이 오히려 혁신을 가로막고 있다는 비판이 제기되고 있다. 물론 이들 기업이 인류에게 가져다준 커다란 성과는 부인할 수 없다. 세계적인 정보와 소통 인프라를 구축해 정보의 자유로운 공유와 개방을 할 수 있게 하고 정보의 사각지대를 없애가고 있다. 또 투명하고 열린 지구촌 소통시대를 열었다. 하지만 테크기업들의 약진에도 불구하고 이들이 경제의 성장에 이바지하는 정도에는 인상적인 열매들이 잘 나타나지 않고 있다. 일반적으로 디지털화가 진행되면 생산성이 올라갈 것으로 기대하는 게 정상인데 미국 경제에 뚜렷한 생산성 향상 효과가 나타나지 않고 있다. 경제학자들은 이를 '두 번째 솔로 모멘트second Solow Moment'라고 부르고 있다. MIT의 경제학자인 로버트 솔로가 "컴퓨터 시대가 열렸지만, 생산성에서는 그 효과가 나타나지 않고 있다"고 말한 데서 연유한 말이다. 이처럼 테크 대기업들이 독과점이 우려될 정도로 성장하고 있는데도 생산성이 향상되고 있지 않은 이유는 무엇일까. 케네스 로고프 하버드대 교수는 테크 대기업들이 시장을 지배하고 있어 스타트업들이 이들 대기업에 도전하기 어렵고, 이로 인해 혁신이 고사돼 생산성 향상이 나타나고 있지 않다고 분석했다. 페이스북과 구글이 마이스페이스와 야후를 압도해버린 것을 대표적 예로 들고 있다. 이들 두 기업은 자신들에게 위협이 되는 스타트업은 아예 사들여 싹부터 잘라버리고 있다는 지적을 받고 있다. 구글에 인수돼 인상적인 성과를 내고 있는 딥마인드는 예외적인 경우이고 빛도 못 보고 사라진 피인수 기업이 더 많다는 얘기다.[129] 테크 기업들은 비정규직을 양산해 고용 불안을 악화시키고 있다는 비판도 받고 있다. 뉴욕타임스NYT는 '구글의 그림자 노동력'이란 보도에서 2019년 3월 현재 구글이 전 세계적으로 고용하고 있는 임시직과 계약직 근로자가 12만 1,000명으로 정규직 근로자 10만 2,000명을 넘어섰다고 밝혔다. 비정규직을 많이 고용하는 관행은 구글에만 그치는 게 아니며 실리콘 밸리의 일반적인 고용 관행이라는 데 문제의 심각성이 있다. NYT는 대부분 테크기업 근로자의 40~50%가 비정규직이며, 각 테크기업은 정규직 대신 비정규직 근로자를 채용함으로써 미국 내에서 일자리 한 개당 평균적으로 연간 10만 달러를 절감하고 있다는 추산 결과를 전했다.[130]

금융산업 판 흔드는 테크기업

테크기업들은 앞으로 금융산업으로도 영역을 확장할 전망이다. 우리나라에서도 카카오가 인터넷 은행인 카카오뱅크의 최대 주주가 되고, 네이버도 금융 전문 자회사인 네이버파이낸셜을 분사해 금융업에 본격적으로 진출하고 있다. 미국에서는 이른

---

129 Kenneth Rogoff(2018.7.3.), 'Big Tech is a Big Problem', Business Standard
130 New York Times(2019.5.29.), 'Google's Shadow Work Force: Temps who outnumber Full-time Employees'

바 'GAFA구글, 애플, 페이스북, 아마존'가 적극적으로 금융업에 발을 들여놓고 있다. 아마존은 2019년 6월 아메리칸 익스프레스 등과 손잡고 주류 금융계에 접근하기 어려운 소비자들을 대상으로 신용카드를 발행했다. 이어 8월에는 애플이 골드만삭스와 제휴해 자체 신용카드를 런칭했으며, 페이스북은 11월에 새로운 결제 시스템 도입을 발표했다. 구글은 더 적극적이다. 구글은 결제사업인 구글페이에 이어 2020년에는 씨티은행과 손잡고 자유롭게 입출금을 할 수 있는 은행 당좌계좌 서비스를 제공할 계획이다. 위챗페이와 알리페이가 중국에서 폭발적인 성장을 하는 것과 비교하면 현재 GAFA의 금융업 진출 움직임은 작은 출발에 불과하다. 하지만 금융산업 자체의 판을 바꿀 잠재력이 있어 향후 행보가 주목을 받고 있다. GAFA가 금융업에 눈독을 들이는 이유는 무엇일까. 더 이코노미스트는 '테크 대기업이 저수익 소매금융 산업을 노리고 있다'라는 기사에서 이미 많은 고객 데이터를 가지고 있는 GAFA가 금융산업으로부터 더 많은 고객 데이터를 확보하는 것을 원하고 있다고 진단했다. 이들 테크 대기업은 방대한 데이터가 축적될 경우 고객들의 금융자산 수요를 파악해 금융 자문을 하는 등 고객과 직접적인 접점을 넓힐 수도 있다. 이렇게 되면 저수익 비즈니스만이 남는 은행들은 인수 합병의 소용돌이 속에 빨려 들어갈 수도 있다고 분석한다.[131] 지난 2013년 스페인의 금융그룹인 BBVA의 CEO인 프란시스코 곤잘레스는 파이낸

131 The Economist(2019.11.20.), 'Big Tech takes aim at the low-profit retail-banking industry'

설 타임스에 실린 칼럼[132]에서 구글, 페이스북, 아마존같이 강한 브랜드와 대규모 이용자를 보유한 테크기업들이 은행업에 진출할 것이라며 여기에 대비돼있지 않은 은행들은 소멸할 것이라고 경고했는데 곤잘레스의 경고가 현실이 될지도 모를 일이다. 이와 관련, 가장 우려되는 점은 테크 대기업들이 디지털 미디어 시장을 과점하고 있듯이 금융서비스 시장에서 기존 금융기관들을 제치고 지배적 사업자의 지위를 차지하는 경우이다. 금융산업 판도에 지각변동이 일어나는 시나리오이다. 국제결제은행 BIS는 이 점을 경고하고 있다. BIS는 테크 대기업의 금융산업 진출이 금융서비스를 효율화하고 진입 장벽을 낮추는 장점이 있지만, 시장지배력으로 새로운 리스크와 비용을 가져올 가능성이 있다고 밝혔다. 먼저 우려되는 것은 독과점의 폐해이다. 테크 대기업들은 시장지배력과 이용자들의 전환비용 등으로 진입 장벽을 만들어 잠재적 경쟁자들의 시장 진입을 막을 수 있다. 또 방대한 규모의 이용자 데이터를 축적해 '데이터 독점'을 하게 되면, 경쟁을 제한하고 고객에게 비싼 상품을 팔 수도 있다.[133] 데이터로 무장을 한 테크 대기업들의 사업확장은 이같은 부작용을 가져올 것으로 보이는 만큼 이에 대한 규제 논의가 앞으로 본격화할 전망이다.

금융업은 아직 지켜봐야 할 부문이지만 앞에서 언급한 대로

132 Francisco Gonzales(2013.12.3.), 'Banks need to take on Amazon and Google or die', Financial Times

133 BIS(2019), 'Big tech in finance:opportunities and risk', BIS Annual Economic Report 2019

테크 대기업의 독과점은 현재 심각한 문제로 대두되고 있다. 이에 따라 미 행정부와 의회는 이들 기업을 상대로 비판 수위를 높이며 파상적인 공세를 취하고 있다. 이 대열에는 민주당과 공화당이 같은 입장이어서 2020년 대선에서 누가 새로운 대통령이 되든 테크 대기업에 대한 규제 움직임에는 변화가 없을 전망이다. 현재 미 법무부와 공정거래위원회 등 정책 당국은 이들 기업이 온라인 광고 등 부문에서 경쟁을 저해하는 행위를 했는지에 대한 조사에 들어갔다. 또 이들 기업이 스타트업을 인수할 경우 경쟁을 억제하기 위한 것이 아님을 반드시 입증하도록 했다. 미 의회도 규제 강화를 위한 법안 마련을 추진하고 있다. 예컨대 이용자에게서 취득한 데이터의 가치를 이들 기업이 공개하도록 의무화하는 법안 등이 논의되고 있다. 테크 대기업에 대한 규제 논의 중 가장 강력한 주장은 지난 1984년에 통신기업인 AT&T를 분할했던 것처럼 테크 대기업도 기업 분할을 하자는 것이다. 민주당 대선 후보 경선에 참여했던 엘리자베스 워런 상원의원이 이 같은 주장을 했다. 더 이코노미스트의 보도를 보면 최근 실시된 한 여론조사에서는 미국인 3명 중 2명이 테크 대기업의 분할을 지지하고 있는 것으로 나타났다.[134] 이들 기업의 독과점에 대한 반감이 그만큼 폭넓게 퍼져 있는 것이다. 다른 한편으로는 기업 분할에 대한 대안으로 이들 기업이 가지고 있는 고객 데이터를 공개하게 해 다른 기업들과 공유하도록 하는 방안도 제시되고 있

134 The Economist(2019.10.5.-11.), 'The Tech Offensive'

다.[135] 테크 대기업들은 이밖에도 영업 행위가 일어난 위치에 관계없이 세율이 낮은 나라에서 이익이 발생한 것으로 부당한 회계 처리를 해 조세를 회피하고 있어 국제적 비난에 직면해 있다. 2019년 6월 일본 후쿠오카에서 열린 G20 정상회의 참석차 한자리에 모인 G20 재무장관들은 이들 기업의 조세 회피 행위를 막고 제대로 된 디지털 세금을 물리기로 합의했다.

우리나라에는 구글과 페이스북 외에 네이버 등 토종 강자가 있어 미국처럼 구글과 페이스북의 독과점 이슈가 아직 미국처럼은 심각하지는 않은 것으로 보인다. 하지만 국내 업체를 포함해 모든 테크기업을 대상으로 경쟁을 제한하거나 스타트업을 고사시키는 행위 등이 없는지 정책 당국이 주시하고, 필요할 경우 사전적으로 적절한 예방 조치를 하는 게 중요할 것으로 보인다.

미국과 중국의 '디지털 천하天下'

지금까지는 테크 대기업들의 독과점 문제를 짚어봤다. 범위를 넓혀 글로벌 무대에서 디지털 경제의 현황을 살펴보면 상황이 더 심각하다. 미국과 중국이 일방적인 독주를 하고 있다. 유엔이 발간한 '디지털 경제보고서 2019'를 보면 디지털 경제에서의 심각

135 Tom Wheeler(2019.4.11.), 'Should big technology companies break up or break open?', Brookings

한 국가 간 불균형 현상이 잘 드러난다.[136] 글로벌 디지털 경제는 그 정의에 따라 세계 전체 GDP의 4.5~15.5%를 점유하고 있는 것으로 추산된다. 미국과 중국은 전 세계 정보통신 부가가치 중 40%를 차지하고 있다. 구체적으로 4차산업혁명을 선도하고 있는 기술 부문을 들여다보면 선진국 한 나라와 개발도상국 한 나라가 독과점하고 있는 게 뚜렷하게 나타난다. 바로 미국과 중국이다. 아날로그 경제와 다르게 우리나라를 포함한 다른 나라들은 경쟁의 대열에서 밀려나고 있다. 미국과 중국이 세계 70대 디지털 플랫폼 기업의 시가총액 중 차지하는 비중은 무려 90%에 이르고 있다. 미국과 중국의 '디지털 천하天下'이다. 유럽의 점유율은 4%에 그치고, 아프리카와 중남미를 통틀어도 1%에 불과하다. '디지털 공룡'이 된 미·중 두 나라 디지털 기업의 현황을 살펴보자. 구글은 인터넷 검색 시장 점유율이 90% 이르는 사실상 독점사업자이다. 페이스북은 글로벌 소셜미디어 시장의 3분의 2를 차지하고 있으며, 세계 온라인 소매 시장의 40%는 아마존의 수중에 있다. 중국으로 넘어가 보자. 텐센트의 위챗과 알리바바의 알리페이를 사용하는 이용자는 10억 명이 넘고, 알리바바는 중국 전자상거래 시장의 60%를 차지하고 있다. 이뿐만이 아니다. 블록체인 기술 관련 특허의 75%, 세계 사물인터넷 투자액의 50%, 공공 클라우드 컴퓨팅 시장의 75% 이상이 미국과 중국의 몫이 되고 있다.

---

136 UNITED NATIONS(2019), 'DIGITAL ECONOMY REPORT 2019'

미국과 중국의 디지털 시장에서의 독주는 경계할 일이다. 앞으로 디지털 경제에서 막대한 부가 창출될 텐데 이 경제적 과실이 이 두 나라의 특정 기업들에 집중될 것이기 때문이다. 공유, 개방, 혁신을 기치로 내건 디지털 경제가 오히려 부와 소득의 양극화를 더 심화시킬 것으로 우려된다. 더구나 디지털 경제의 독과점은 경쟁만으로는 쉬 해소되기 어려운 특성이 있다는 데 문제의 심각성이 있다. 네트워크 효과[137]로 이미 많은 사람이 몰려 있는 구글 같은 디지털 플랫폼은 그 가치가 너무 커서 신규 경쟁자가 나서기 어렵다. 또 사용자들도 디지털 플랫폼을 갈아타려면 그동안 쌓아온 정보와 인맥을 포기해야 하는 등 전환비용[138]이 커서 이를 실행에 옮기기가 매우 힘들다. 자주 써온 기존 플랫폼에 발목이 묶일 수밖에 없다는 얘기다. 이에 따라 디지털 경제가 가져오는 양극화 심화와 국가 간 불균형 문제를 완화하는 방안이 국제적 공조 하에 마련돼야 한다. 이와 관련해 안토니아 구아레스 UN 사무총장은 "현재의 정책과 규제 하에서는 양극화가 더 심화될 것으로 보여 모두가 혜택을 받는 '포용적 디지털 경제'가 필요하다"고 지적했다. 글로벌 경제든 한 국가의 내부경제든 디지털 경제를 보다 포용적으로 만들어 가기 위한 방안이 앞으로 계속 화두가 될 것으로 보인다.

---

137 사람들이 많이 쓸수록 어떤 상품의 가치가 더욱 높아지는 효과를 말한다. 소셜미디어가 대표적 예이다.

138 한 제품에서 다른 제품으로 전환하는 데 드는 비용을 말한다. 예컨대 네이버에서 이메일, 블로그, 네이버TV 등 많은 서비스를 이용하다가 다음으로 플랫폼을 바꿀 경우 그동안 쌓아온 콘텐츠와 인맥 정보를 포기해야 하는 데 이게 전환비용이다.

공유경제의 변질

우버든 에어비앤비든 공유경제를 대표하는 브랜드는
그 어느 것이든 간에 아무 것도 공유하지 않는다.
그저 자산을 임대하여 현금화하거나, 자신의 노동력을 팔 때
생산도구도 함께 가져갈 수밖에 없는 상황이 있을 뿐이다. ―노동연구원

공유경제의 출발은 산뜻했다. 물품이나 서비스를 여럿이 공유해서 쓰면 자원 낭비도 줄이고 효율성도 높일 수 있으니 금상첨화錦上添花라고 환영을 받았다. 제러미 리프킨이 얘기한 대로 '소유의 종말' 시대가 오고 공유의 시대가 활짝 열릴 것이라는 장밋빛 전망이 가득했다. 이랬던 공유경제가 흔들리고 있다. '공유'라는 간판을 내건 대표적 기업들이 실적 부진으로 고전하고 있다. 게다가 '공유'가 정말 '공유'인지에 대해 회의도 일부에서 제기되고 있다.

먼저 공유경제의 선두 기업들이 경영상태가 나빠져 몸살을 앓고 있다. 사무실 공유 스타트업으로 널리 알려진 위워크는 2018년에 일 년 전보다 105.4%가 늘어난 18억 2,000만 달러의 매출을 올렸지만 적자 폭이 19억 달러로 매출을 상회해 경영 전반에 비상등이 켜졌다. 2019년에도 대규모 적자가 계속되자 위워크는 전 세계 직원의 17%인 2,400여 명의 직원을 해고하기로 했다. 기업가치가 곤두박질하면서 예정됐던 기업공개도 물거품이 됐다. 설상가상으로 중도 하차한 CEO가 엄청난 돈을 챙긴 채 떠난 것으로 알려져 도덕적 해이 문제까지 제기되고 있다. 위워크에 많은 돈을 투자해 발목이 잡힌 소프트뱅크의 손정의 회장이 신규 자금을 투입하는 등 회생 노력을 기울이고 있지만, 위워크의 미래는 불투명하다. 대규모 임차료가 들어가는 비즈니스 모델이 지속 가능할지 의문시되고 있기 때문이다. 차량 공유를 내건 우버도 상황이 안 좋기는 마찬가지이다. 매출은 많이 늘어나고 있지만 2019년 3분기에만 적자 규모가 11억 달러를 넘어섰다. 뉴욕증시에 상장할 때(2019년 5월)만 해도 820억 달러에 달했던 기업가치는 불과 반년이 지난 11월 현재 528억 달러로 크게 줄어들었다. 실적에 빨간불이 켜지자 우버는 세 차례의 감원을 해 1,185명의 직원이 회사를 떠났다.

우버, '공유경제' 맞나?

공유경제 기업의 문제는 실적 악화에 그치지 않고 있다. 기본적으로는 일부 기업의 비즈니스 모델이 애초에 내건 '공유'에 맞는지가 의문시되고 있다. 곪아있는 우버의 문제는 증시 상장을 앞두고 표면화됐다. 상장을 이틀 앞둔 2019년 5월 8일, 뉴욕과 런던 등 세계 주요 도시에서 우버 운전기사들이 고객의 주문을 받는 앱을 끄고 파업에 들어갔다. 무슨 일이 일어난 것일까? 답은 이들이 들고 있던 한 플래카드에 잘 드러나 있다. '경영진은 수십억 달러를 벌고, 운전기사는 빈곤층 수준의 급여를 받고 있다 billions to bosses, poverty pay for drivers'라는 플래카드는 우버 기사들이 직면한 현실을 그대로 보여주었다. 우버 기사들은 자신들을 정규직 직원으로 인정하고, 최저임금 수준의 급여를 지급하며, 유급 휴가와 병가 등을 보장할 것을 요구했다. 이들은 비정규직원에 최저임금조차도 못 받고 있고, 휴가도 보장되지 않고 있다고 증언했다. 우버가 공식적으로 밝힌 사업모델은 차량 공유이다. 자신이 가진 차량을 다른 사람과 공유할 수 있도록 연결해주는 플랫폼의 역할을 하겠다는 것이다. 그런데 실제 현장에서 어떤 일이 벌어지고 있기에 운전기사들이 이런 주장을 한 것일까? 실제 사업모델이 알려진 것과 전혀 다르기 때문이다.

여기에서 잠깐 공유경제의 정의를 살펴보자. 공유경제라는 용어가 나오기 8년 전인 2000년에 《노동의 종말》의 저자인 제러

미 리프킨은《소유의 종말》이라는 책을 펴냈다. 리프킨은 이 책에서 "시장은 네트워크에 자리를 내주며 소유가 접속으로 바뀌는 추세"라면서 "새로운 경제에서 재산을 가진 공급자는 재산을 빌려주거나 사용료를 물린다"고 통찰력 있는 예측을 했다. 그는 소비자의 의식도 소유에서 접속으로 서서히 기울 것이라고 말한다. 즉, 가전제품이라든지 자동차와 집 같은 고가품은 공급자에 의해 소비자에게 단기 대여, 임대, 회원제 같은 다양한 서비스 계약의 형태로 제공될 것이라고 내다봤다. '공유'라는 용어만 쓰지 않았을 뿐 그 의미를 담아 시대를 앞선 예견을 한 것이다.[139] 공유경제라는 용어 자체는 지난 2008년 로렌스 레식 하버드대 로스쿨 교수에 의해 처음 사용됐다. 하지만 레식 교수가 내린 정의는 '거래되는 물품이나 서비스가 누구의 소유도 아닌 여럿이 공유해 쓰는 협업 소비를 기초로 하는 경제'이다. 대가가 없이 이루어지는 순수한 의미의 공유를 뜻하고 있다.[140] 그러나 현재 시장에 존재하는 공유경제는 레식의 정의보다는 리프킨의 정의에 가깝다. 순수한 의미의 공유는 찾아보기 어렵고, 금전을 주고받는 상업적 거래가 주종이기 때문이다. 심각한 문제는 형식만 리프킨에 정의에 가까운 상업적 거래이지 본질은 공유가 아니라는 데 있다. '공유'란 말은 리프킨이 얘기한 대로 자신이 소유한 차량이나 집을 다른 사람과 공유하는 것을 의미한다. 하지만 실제 시장에서는 상업적 거래만 존재할 뿐이다. 먼저 우버의 실상을 들여

---

139 제러미 리프킨(2010), 이희재 옮김,《소유의 종말》, 민음사
140 장지연 외(2017.12.), '디지털 기술발전에 따른 새로운 일자리 유형과 정책적 대응', 한국노동연구원

다보자. 우버 기사들은 대부분 자신이 차량을 이용할 때 이를 다른 사람과 공유하거나 차량을 사용하지 않을 때 임대하는 게 아니다. 우버만을 위해 일하는 전업 근로자이다. 자신의 차를 이용하기도 하지만 이 일을 하기 위해 새로 차를 사거나 우버의 권유로 차량을 임대하는 사례도 많다.[141] 미디어 스타트업인 쿼츠의 부편집장인 새라 케슬러는 저서 《직장이 없는 시대가 온다》에서 우버가 기사들에게 딜러를 소개해주면서 차량 임대를 부추기고 임대료는 임금에서 공제하고 있다고 밝히고 있다.[142] 주택을 공유한다는 에어비앤비는 어떤가. 자신의 주택을 타인에게 공유하는 사례도 적지 않지만, 아예 주택이나 오피스텔 등을 대량으로 매입해 '공유'를 사업으로 하는 사례도 많은 것으로 전해지고 있다. 이 때문에 집값이 상승하거나 기존 임차인이 퇴거당해 주거 불안정이 생기는 등 부작용도 우려되고 있다.[143] 결국 우버와 에어비앤비는 공유경제 기업이 아니다. 공급자와 사용자를 중개해주고 중간에서 수수료를 떼어가는 플랫폼 사업자 그 이상도 그 이하도 아니다. 노동연구원은 "우버든 에어비앤비든 공유경제를 대표하는 브랜드는 그 어느 것이든 간에 아무 것도 공유하지 않는다. 그저 자산을 임대하여 현금화하거나, 자신의 노동력을 팔 때 생산도구도 함께 가져갈 수밖에 없는 상황이 있을 뿐"이라고 혹평하고 있다.

---

141 Time(2019.5.7.), 'Why the Strike Ahead of Uber's IPO Exposes about American Inequality'
142 새라 케슬러(2019.2.), 김고명 옮김, 《직장이 없는 시대가 온다》, 이코노미스트
143 KB 지식 비타민(2017.8.28.), '공유경제sharing economy의 확산에 따른 기업의 대응과 최근 주요 논란', KB금융지주 경영연구소

또 하나의 문제는 저임금 일용 플랫폼 근로자가 양산되고 있다는 점이다. 새라 케슬러는 그 실상을 고발하고 있다. "우버는 2014년 5월에 기사들이 뉴욕에서 9만 달러 이상을 번다고 광고했다. 하지만 우버 기사의 허를 찌르는 계산을 넣지 않았다. 기름값, 보험료, 차 할부금 등이다. 이것들은 우버 기사가 자비로 부담한다""평균적으로 볼 때 휴스턴의 (우버)기사는 시간당 10.75달러, 디트로이트에서는 7.77 달러를 버는 것으로 추정됐다. 이는 월마트의 2016년 풀타임 평균 시급보다 조금 떨어지는 수준이다" 한 가지 더 고려해야 할 점은 월마트 근로자들과 달리 우버 기사들은 건강보험과 실업급여 등이 보장되지 않고 있다는 점이다. 왜곡된 공유경제가 대규모로 비정규직 일용 근로자들을 발생시키고 있다. 간판은 '공유'이지만 실제론 단순 일자리 중개업을 하는 것이다. 이에 따라 기업들이 부담해왔던 각종 위험이 근로자들에게 전가되고 있다는 비판이 제기되고 있다. 산업은행은 "이전에는 회사에 소속되어 고정 급료, 보험, 복지와 휴가 등을 누리던 근로자들이 공유경제가 도입되면서 오히려 개인사업자가 되어 수입이 불안정해지는 문제가 생겼다"고 진단한다.[144] 인공지능 등 과학 기술의 발달이 일자리 자체를 줄이고 있다면 이른바 '공유경제'라는 신종 산업은 일자리의 질을 악화시키고 있다.

---

144 산은조사월보(2018.11.), '공유경제 개념의 변화와 한국의 공유 경제', 산업은행

이렇게 보면 현재 시장에 존재하는 일부 공유경제는 '공유'도 아니고 '혁신'도 아니다. 혁신이나 창조적 파괴하면 우리는 요제프 슘페터를 떠올린다. 슘페터가 얘기한 '창조적 파괴'는 무엇인가. 그는 새로운 생산방법과 새로운 상품을 소개하는 혁신이 기존 사업에 대파동大波動을 가져온다며 이런 일들이 진행되는 동안에 지출은 활발하고 번영은 압도적이 된다고 말한다. 특히 실질 소득을 항구적으로 넓고 깊게 가져온다고 강조한다.[145] 슘페터가 얘기한 혁신의 정의와 현재의 '공유경제'를 대비해보자. 예컨대 우버가 제공하는 서비스는 신상품이긴 하지만 압도적인 번영이나 항구적인 소득의 증가를 가져오는 혁신과는 거리가 멀다. 기존의 인력 중개업과 유사한 데다 저임금 일용 근로자들을 양산하고 있는 기업에 어떻게 '혁신'을 얘기할 수 있는가. 더구나 우버와 같은 서비스는 공유경제가 갖춰야 할 핵심적인 특성인 공동체성을 전혀 가지고 있지 않다. 공유경제 전문가인 에이프릴 린은 한 인터뷰에서 "긱 이코노미(일용직 경제)는 공유경제가 아니다. 공유경제는 공동체 지향적이어야 한다. 하루하루 사람을 채용해 쓰다가 일이 끝나면 모든 관계가 끝나는 일용직 경제는 공유란 브랜드를 붙이지 말아야 한다"고 주장한다.[146] 현재 미국과 유럽 지역에서 우버 기사처럼 일하는 '독립근로자'는 2016년 기준으로

145 요제프 슘페터(1942.3.), 《자본주의 사회주의 민주주의》, 북길드
146 에이프릴 린(2019.3.24.), '하루하루 채용해 쓰는 일용직 경제는 공유경제가 아니다', 중앙일보

전체 생산가능인구의 20~30%를 차지하는 것으로 맥킨지의 조사 결과 나타났다. 1억 6,200만 명 규모이다. 이중 '독립 근로'가 주 수입원인 사람은 7,200만 명 수준이다. 나머지는 부업으로 이 일을 하고 있다.[147] 독립근로자의 비중과 절대 규모는 현재 더 증가했을 것으로 추산되며 향후 더 늘어날 것으로 보인다. 하지만 지금까지 살펴본 것처럼 현재의 '공유경제' 기업은 일용직 근로자의 급격한 증가를 가져오고 있다. 그 결과 고용 불안을 유발함은 물론 양극화와 불평등 심화를 부채질하고 있다. 이들 근로자의 법적 지위를 보장해 소득과 고용의 안정을 확보해주는 방안이 앞으로 각국에서 중요한 이슈로 떠오를 것이다.

현재 우리나라에서도 공유경제 논의는 활발하다. 가장 논란이 일고 있는 것은 차량 공유 이슈이다. 차량 공유라는 서비스와 택시 운전기사들의 '생존권'이 충돌하고 있어서이다. 이 과정에서 우버의 한국 진출은 무산됐다. 이를 놓고 규제 때문에 혁신이 일어나지 않고 있다는 주장이 있다. 하지만 앞에서 얘기한 대로 우버가 가지고 있는 많은 문제점을 고려하면 우버의 한국 진출을 왜 허용해야 하는지 그 이유를 필자는 찾을 수가 없다. 공유도 아니고 일용직 근로자만 양산하는 데다 성공적 사업모델도 아닌 우버가 왜 한국에 필요한가. 카카오가 택시회사를 인수하는 것처럼 혁신과 택시 운전기사들의 생존권을 조화시키면서 소비자들

147 McKinsey Global Institute(2016.10.), 'INDEPENDENT WORK: CHOICE, NECESSITY, AND THE GIG ECONOMY', McKinsey&Company

이 원하는 양질의 서비스를 제공하는 방식이 적절하다고 생각한다. 새로운 상품이라고 무조건 '혁신'의 레벨을 붙이지 말고 그 신상품이 슘페터가 얘기한 것처럼 번영과 실질 소득 증가를 가져올 잠재력이 있는지를 잘 판단해야 한다. 우버 같은 변종 사업모델을 들여와 양극화와 불평등을 심화시키는 우를 범해서는 안 된다. 당초 취지에 맞게 소유한 상품이나 서비스를 다른 사람과 공유함으로써 과잉 소비와 자원 낭비를 막고 효율성을 높이는, 특히 공동체성을 지향하는 참된 공유경제가 도입되고 육성되는 게 맞다.

에필로그

'한국적 자본주의'의 길

미국 트루먼 대통령 당시 유명한 일화가 있다. 트루먼은 언젠가 팔이 하나만 달린 경제학자를 만났으면 좋겠다고 농담한 적이 있다. "한편으로는on the one hand 이렇지만, 다른 한편으론on the other hand 저렇다"는 식으로 경제학자들이 자주 하는 얘기를 듣고 싶지 않다는 말이었다. 트루먼은 어느 쪽으로든 빠져나갈 곳을 만들어 놓는 경제학자들의 '양팔 논법'을 싫어했던 듯하다. 이렇듯 '두 팔' 또는 '두 손'은 경제를 보는 관점을 비유하는 말로 사용돼왔다.

이 책에서 필자가 소개한 '양손잡이 경제' 또한 경제를 바라보는 관점과 이에 따른 실행을 '두 손'이라는 상징으로 비유하고 있다. 하지만 트루먼 당시의 '두 손' 비유와는 맥락이 크게 다르다. 경제의 구조적인 문제를 해결해나가는 데 필요하다면 보수(오른손)와 진보(왼손)의 정책을 적절하게 혼용해서 쓸 줄 아는 개방성, 유연성, 실용성이 필요하다는 의미를 담고 있다. '양손잡이 경영'은 주주 가치(오른손)만을 중시할 게 아니라 근로자, 거래업체, 지역사회 등 이해관계자 모두(왼손)를 중시하는 경영을 하는 게 기업의 목적이라는 관점을 뜻하고 있다.

이 시점에서 우리가 스스로 던져보아야 할 본질적인 질문이 있다. 한국 경제는 현재 어떤 자본주의를 지향하고 있는 것인가? 좀 더 구체적으로 말하면 한국 사회에 우리 경제가 앞으로 걸어갈 큰 틀의 방향성에 대한 논의와 공감대가 존재하는가? 발등의 불로 떨어진 현안 처리에 몰입하다보니 '항로' 자체에 대한 논의가 실종돼있는 것은 아닌가? 미국과 영국이 한때 깃발을 들었던 신자유주의는 금융위기를 계기로 좌초했다. 전 세계적인 양극화 심화와 이에 따른 포퓰리즘의 확산 등 큰 상처를 남겼다. '유러피안 드림'으로 상징되는 유럽식 복지 시스템도 재정위기를 거치면서 간판을 유지할 수 없게 됐다. 지금 세계 경제를 점유하고 있는 자본주의의 큰 두 축은 미국과 중국이다. 미국식 자본주의와 중국식 국가자본주의의 판이 서로 충돌하면서 저성장 국면의 글로벌 경제에 불안요인이 되고 있다. 여기에 고부담·고복지의 자생적 해법을 유지하면서 세계 최고 수준의 국민 행복을 가져온 '노르딕 모델'도 한 자리를 차지하고 있다. 한국 경제는 어느 길을 가려 하는가? 아니 어떤 길을 가야 하는가? '시장만이 답이다'라든가 '정부만이 답이다'라는 단선적 사고로는 한국 경제의 진로를 찾아내는 중대한 과제를 해결해낼 수 없다. 경제가 건실하게 성장하면서, '낙수효과'의 시스템화로 골고루 잘 사는 경제. 기업의 역할을 인정하고 격려하면서 노사가 파트너의 상생 관계로 서로 존중되는 경제, 대기업과 중소기업이 경제공동체로 '이인삼각二人三脚'으로 한 데 묶이어 시너지 효과가 극대화하는 경제. 시장의 효율성과 시장 실패를 보완하는 정부의 개입이 잘 조화를 이루는 경제. 축적의 힘을 통해 산업 기술의 선두권으로 치고 나가는 경쟁력이 강한 '퍼스트 무버' 경제. 커진 덩치에 맞게 사회구성원이 서로 기대고 돕는 문화가 복원된 공동체 사회. 규범과 질서, 신뢰 등 사회적 자본도 축적된 성숙한 사회. 이런 모습의 사회와 경제를 이루는 일은 '각론'만으로는 이뤄지지 않는다. 전체 사회와 경제가 어떤 방향으로 가는 게 바람직한가에 대한 '총론'의 논의가 선행해야 한다.

이 책에서 언급한 '양손잡이 경제'와 '양손잡이 경영'이 이 같은 거대 담론의 필요성을 한국 사회에 던지는 마중물 역할을 했으면 하는 마음이다. 이미 미국의 재계와 세계경제포럼은 주주자본주의를 이해관계자 자본주의로 전환하자는 화두를 던졌다. 이제 한국 사회도 각론에 묻혀 있던 총론을 끄집어내 한국 자본주의의 새길을 모색하는 논의를 공론화해야 한다. 이해관계자 자본주의든 노르딕 모델이든 새로운 한국식 자본주의의 길이든 사회적 대타협을 통해 한국 경제가 걸어갈 새 항로를 찾아야 한다. 큰 틀의 변화에 대한 사회적 공감대를 만들어 내야 한다. 코로나19 위기의 와중에서 한국은 모범적인 보건 방역과 경제 방역국

가로서 국가 브랜드의 힘을 키웠다. 흔들리는 미국과 유럽 국가들을 보며 더 이상 역할 모델을 할 국가도 존재하지 않음을 알게 됐다. 성장 잠재력을 키우면서 양극화도 완화하는 모범적인 '한국식 자본주의' 시대를 열어갈 기회가 우리 앞에 주어져 있다.

코로나 팬데믹 이후 한국 경제의 미래
양손잡이 경제

초판 1쇄 인쇄 2020년 9월 3일
초판 1쇄 발행 2020년 9월 7일

지은이 최남수
펴낸이 전형주, 전익균

기 획 조양제, 백현서
이 사 김영진
실 장 허태훈
편 집 김정
관 리 이주용, 전이랑, 조성오
개 발 박수아
디자인 페이지제로
교 육 민선아
마케팅 팀메이츠

펴낸곳 (주)아미푸드앤미디어, 도서출판 새빛
전 화 (02) 2203-1996, (031) 427-4399 **팩스** (050) 4328-4393
출판문의 및 원고투고 이메일 svedu@daum.net
등록번호 제215-92-61832호 **등록일자** 2010. 7. 12

값 15,000원
ISBN 978-89-92454-99-5 03320